U0934728

INTERNET IS KICKING THE DOOR

互联网在踢门

传统行业转型指南

俞杰◎著

中华工商联合出版社

图书在版编目(CIP)数据

互联网在踢门:传统行业转型指南 / 俞杰著.—北京:中华工商联合出版社,2014.12

ISBN 978-7-5158-1183-3

Ⅰ.①互… Ⅱ.①俞… Ⅲ.①互联网络-影响-经济发展-研究 Ⅳ.①F061.3

中国版本图书馆 CIP数据核字(2014)第 291949 号

互联网在踢门:传统行业转型指南

作　　者: 俞　杰
策划编辑: 付德华
责任编辑: 俞　芬
特约编辑: 徐　畅
封面设计: 元明设计
责任审读: 李　征
责任印制: 迈致红
出版发行: 中华工商联合出版社有限责任公司
印　　刷: 北京建泰印刷有限公司
版　　次: 2015 年 3 月第 1 版
印　　次: 2015 年 3 月第 1 次印刷
开　　本: 787 毫米×1092 毫米　1/16
字　　数: 228 千字
印　　张: 18
书　　号: ISBN 978-7-5158-1183-3
定　　价: 33.00 元

服务热线: 010-58301130
销售热线: 010-58302813
地址邮箱: 北京市西城区西环广场 A 座 19-20 层, 100044
Http: //www.chgslcbs.cn
E-mail: cicap1202@sina.com (营销中心)
E-mail: gslzbs@sina.com (总编室)

前言

曾经有人提出过这样一个观点：互联网时代，你以为你的对手是一个人，可事实并非这样——准确地说，你的对手是一个时代。诚然，如今的时代已迈入了一个被互联网主宰的时代—— 一个无时无刻不在发生着颠覆与重构的时代。

昨天我们还以为飞信能够实现优惠与便捷，今天它就被更为便捷省钱的微信所替代；昨天我们还以为马云的“改变银行”只是一个笑话，如今“宝宝”类理财产品早已逼得传统银行“屈尊下顾”，想尽办法来招徕那些小储户；昨天我们还以为智能手机只是昙花一现，今天智能设备已发展到各个领域，以至于没有及时转型的老牌移动制造商个个折戟沉沙；昨天我们还为贷款的事到处跑关系，今天我们不必看人脸色，

P2P 网贷平台遍布网络，我们既能借款，又能放贷收利息……

互联网颠覆了一切，又重构了一切。它创造出让人眼花缭乱的新生事物，改变了我们习以为常的观念，颠覆了我们沿用已久的习惯，又以新鲜刺激的方式把我们带入一个全新的时代。一个互联网的时代，一个线上与线下联动的时代。

想购物，我们不必走进拥挤的商场，只要有网，甚至只要有一部智能手机，我们就可以随时随地购物；想出门，我们也不必去排队购票，网上就能订票；甚至我们生病了，也不用去医院排队挂号，只要有网，我们就可以线上预约，线下享受服务。

在这个时代，一切都在变。对于我们来说，看清楚什么在变很重要。

变革的大潮已经来袭，我们应该做什么？

目录
contents

上篇 on the line

第七章 手机只能打电话？你 out 了！

——传统通信业如何走出死胡同

下篇 off the line

第八章 邮递员少了，快递员多了

——邮局会变成古董吗

第九章 不只要利益，还要合作
——酒店业与旅游业的新机遇

第十章 大众点评，让美味更实惠
——餐饮行业如何突破瓶颈

第十五章　电子书大行其道，纸质书退居幕后
——传统出版业该往哪儿走

上篇
on the line

第一章／互联网行业的新宠儿

——手持智能设备

当互联网行业刚刚兴起的时候，有识之士就大呼："狼来了！"确实，如今的互联网行业早已将过去的一切颠覆殆尽，然而，这还不够，具有颠覆传统的互联网行业甚至成了自身的掘墓人，自导自演了一出以移动设备代替 PC 设备的好戏。在这一颠覆的过程中，传统行业又会遭遇什么，又该如何应对呢？

一 残酷的现实：传统行业折戟沉沙

辨证 1：呈爆发式扩张的移动互联网

在互联网浪潮的冲击下，没有哪个传统行业能够明哲保身。

今天，以智能手机、平板电脑为代表的智能移动终端正以滚雪球一样的速度增长，未来将是一个被移动互联网覆盖的世界，这已经成为了一个不争的事实。未来社会中，金融、通信、制造……还会有哪些行业能置身于互联网与移动互联网之外？还有哪些行业离开互联网可以获取更多的利益呢？答案恐怕不仅仅是寥寥无几，甚至是无一能免。

目前，某些行业的主体依旧不是在依靠互联网运营，但是互联网为各大行业带来的各种优势是不可忽视的，如果它们还未看清楚这些趋势，那么在未来的市场中，它们就很难再占据一席之地。

自从2008年中国市场进入电商快速发展期后，移动互联网就开始按照传统PC（个人计算机）网络的脉络快节奏发展。时隔多年后的今日，移动互联网已经覆盖了全国的每一个角落，所有的移动终端几乎都已成为了移动互联网连接下的商业目标。据统计，2011年全年中国移动互联网市场规模突破了851亿元，相较往年市场规模增长翻了一倍，而且业内专家从当年的形势中得出，未来几年中国的移动互联网将攻占国内的全部行业，移动互联网规模将超越传统的PC网络市场规模，甚至超越传统实体市场规模。

果不其然，在短短3年后的今天，中国PC网络市场与移动互联网市场的总和就已经呈现出超越实体市场规模的趋势，市场规模的增长比率远远大于实体市场。

移动互联网时代来临之后，提升的不只是互联网用户的人数，更是提升了用户的活跃度。因为互联网在连接了移动终端后，打破了常规PC网络的各种限制，从而使这一商业平台被无限拓宽。为了从这种全新的市场中更快捷地获取利益，各大企业、商家纷纷开始构建有效的商业模式，期望从中获取成功。

任何一个新型的商业平台来临，自然会吸引无数的运营商。而各大运营商在移动互联网之上寻找到任何一点优于传统商业模式的元素后，就可以以此为中心构建新型的商业模式。

九城游戏中心是一家老牌的互联网游戏代理公司，它以2005年成功代理暴雪公司推出的经典3D游戏《魔兽世界》而获取了巨大的成功。据统计，自2005年以来，九城公司仅《魔兽世界》实体点卡销量就未曾低于9000万元，这一数字曾打破了当时的网络游戏实体卡年销量的纪录。

当移动互联网时代来临之后，九城公司代理《魔兽世界》的合约期也已到期，这时的九城公司就紧紧地抓住了移动互联网的商业浪潮，并从中获取了更大的利益。失去了优秀产业主体的九城公司并没有失去自己对市场的把握，九城发现国内游戏业依旧具备很大的潜力，而吸引客户的方式正是各种新颖的移动互联网元素。虽然自己无法创造如同暴雪公司一样的经典游戏，但自己可以试着借助移动互联网的力量创造新型设备上的娱乐游戏。九城公司将发展中心转移到了各种智能手机系统的游戏社交平台之上，最终九城公司基于苹果系统与安卓系统开发出的各种游戏，获取了巨大的商业成功。以《热血海贼王》《泡泡龙》为代表的手机游戏，一经推出，注册用户就直接突破百万级。今日，九城游戏中心已是全球跨越 iOS 和 Android 两大智能手机系统最大的游戏社交平台，整合超过 5000 款已发售手机游戏，并在全球拥有超过 7000 万注册用户。九城手机游戏中心已经成为了九城公司的盈利主体。

任何一个全新商业模式的创造，必然需要一个全新的契机。而移动互联网就为国内各大行业的发展提供了无数的机遇，这是时代赋予我们的财富，假如我们不伸手及时抓住，很可能失去发展过程中最宝贵的机遇。

移动互联网的发展必然会遵循原有 PC 互联网的原有模式，但是速度将远快于前者，而且未来的市场模式必然是移动互联网用户远超于 PC 互联网用户。在这种发展形势下，传统市场规模和各大行业的商业价值必然会发生变化。

传统市场规模不仅仅是我们上面提到的扩展变化，而是朝着高端、智能的方向转变，在未来的移动互联网市场中，快捷的支付方式，智能的商品服务，以及无限制的自由交易方式，将彻底改变人们的生活，这就代表着未来的移动互联网市场将不断冲击传统的实体市场，从而侵占实体市场的份额。而商业价值是受市场规模、市场势态极大影响的。我们已经分析了未来移动互联网市场的市场形态，自然各大行业的商业价值也会发生变化。换言之，未来的商品必然要具备移动互联网时代的特色才能够畅销，而传统商业模式中主打的营销方式将无法再对消费者产生吸引力。

我们现在无须纠结如今还有哪些行业是未被移动互联网侵占的，因为在不久的将来，哪些行业的利润急剧下滑，哪些行业的市场不断缩水，那么它们就是这个问题的答案了。

互联网行业在不断进行自我革命，传统行业也要如此。

辨证 2：处处开花的互联网袭击

虚拟的互联网世界，存在着一种不可阻挡、无往而不利的进攻势头。

现如今，互联网技术将原本不相干的领域紧密地联系在一起，此所谓“跨界”。与实体商业发展不同的是，由互联网“跨界”而形成的商业模式，会以迅雷不及掩耳的速度蔓延，没有做好心理准备的人，或者自以为自己的行业壁垒足够坚硬、进入门槛足够高的人，会受到意想不到的“互联网袭击”。

起初，很多商家还信心满满，认为这种新兴的贸易方式只会分得小小的“一席之地”，实体店才是永远的主角。但是随着互联网商业的日益发展，就连老牌大哥们都只能眼睁睁地看着它快速形成商业模式。接下来的事情更令人恐惧，互联网好像有着无穷的吸引力和无限的容量，令大众疯狂追捧，同时覆盖生活的方方面面。还没有为跨界做好准备的人，早已被挡在游戏范畴之外。

早些年，传统电器零售方式最鼎盛的时候，谁会意识到，这些家电零售巨头的日子会越来越难熬？就在传统家电零售巨头毫无顾忌地开店扩张时，却没有想到京东网会异军突起，快速前来抢占市场份额，等到传统家电零售巨头醒来的时候，所面对的是已成气候的强大对手。面对新军团一般的对手，要么坐以待毙，要么自我革命。自我革命是痛苦的，也是决绝的。苏宁易购的诞生，正是传统企业自我革命的产物。

再说说中国的传统通信业。就拿微信软件来说，它在短短几个月之内，让无数条需要支付通信费或包月费的短信变成了只需支付流量费的微信。微信是不是成功把手伸进了通信巨头的钱袋且不论，单说用户的使用习惯之转变：原先所有客户的手机基本就是用来打电话和发短信，用到的服务都是通信巨头来提供；而现在，用户打开手机，用得最多的恐怕已不再是昔日的传统通信服务。单看这一点，足见互联网的“手”能够伸向任何地方。

从传统的角度说，互联网实在没什么能拿得出手的东西。人家开店几十年，积累了丰富的经验，并且长年累月就在某个领域中发展，比互联网多太多优势了，然而现实却往人们预想的反方向前进。神出鬼没的互联网，以创新者的身份出现，从一个领域进入另一个领域，打破了传统广告业、运输业、零售业、酒店业、服务业、医疗卫生等领域的固有存在模式，用更加便利、关联、全面的商业系统，令各行各业以全新的面貌出现在大众面前。尤其是在 PC 端向网络端进化后，互联网就已经完成了对各行业经营模式的“拆分”与“合并”：将行业老大的家业拆分开，再整合成新的商业模式。

2011 年，腾讯公司推出了微信，这款可以快速发送语音、视频、图片、文字的手机聊天软件，很快受到大众的关注，仅 433 天，它的用户就突破了 1 亿，使聊天软件从 PC 端向移动端进化迈出了重要的一步。

微信是在智能手机发展的基础上应运而生的，它几乎可以运用于每一部智能手机中，提供免费的即时通信服务是它的基础业务，所设置的功能例如“摇一摇”“漂流瓶”“朋友圈”“公众平台”，都是它向其他领域“伸手”的重要媒介。

2013年2月5日，微信发布了4.5版，这一版本能够实现多人语音聊天，并且充实了二维码的功能。使用过微信的用户都知道，你可以在任何有二维码的地方进行扫描，无须动手输入，方便快捷。

这样一来，更便于其他商家同微信合作，因为只要有二维码，用户就能清楚地知道这个商品所公开的所有信息。不论对方是哪个领域的商品，都在从PC端向移动端进化，用户只要点开手机上的信息，就知道它是什么了。

随着微信5.0 for Windows Phone的上线，它又添加了表情商店、绑定银行卡、收藏功能、绑定邮箱、分享信息到朋友圈、打车服务等功能，将原先只能在PC端操作的业务，直接搬到移动端。

作为当下最热门的聊天软件，微信俨然成为移动端的一大入口，打破PC端的各种限制，逐步发展成为一大商业交易平台，在不久的将来，微信商城很可能会成为互联网商业模式中另一大“亮点”。

从PC端向移动端发展是大势所趋，在智能手机普及率越来越高的今天，用户体验就是检验互联网商业模式是否能赢得人心的关键。在此基础上，进行跨界整合，将最有用的资源融入互联网中，并根据用户的需求，进行不断提升，最终把“大型商场”搬到移动端上来。

互联网商业模式的一大特点便是“快”，一夜的工夫，很可能原先的规则就被颠覆了，所以要求商家时刻保持清醒，为“跨界”做好准备。否则，等你一觉醒来，自己的领域已经被别人占领，就为时已晚了。

有人说“未来十年，是海盗嘉年华”，会有更多人将目光瞄准“跨界”，从移动端中获得巨大收益。

用户要去一个个实体店购物或购买服务很麻烦，也不可能随时用 PC 端进行操作，所以需要更加强大的移动端，只要手指轻轻一点，就能买到心仪的商品，或是将钱汇入账户。对于想在互联网商业模式中崭露头角的人来说，只有将手伸向不同领域，才能实现以上目标。

如今的你若还守着自己的“一亩三分地”，徘徊不前，那你的结局只有一个：被瓜分！

辨证 3：还守着老一套？你 out 了

机会不只留给有准备的人，还留给那些敢于创新的人。

在市场竞争日益激烈的今天，商家为了生存，不断寻找出路，于是想到建立一种能够持续盈利的模式，这就是商业模式产生的最初原因。

很快，它被研究出来了，并迅速在各大传统行业中被运用，尝到了甜头的商家们认为自己种下了“摇钱树”，幻想着只要维持现有的商业模式，就能不断盈利。

然而，现实远比想象残酷得多。随着互联网经济的发展，传统商业模式所存在的弊端一一显现，人们不得不惊叹：随着互联网发展而兴起的新型商业模式正在掠夺传统商业模式所带来的成果。

当一个新生事物出现，商家总会将其与“利润”联系在一起，先有互联网，然后催生了互联网经济，这是对商业模式进行创新的原始动力，加之互联网环境所具备的独特优势，让那些有“创新意识”的商家迅速崛起，很快建立和形成自己的经营模式，与传统行业形成对峙，甚至在某些方面略胜一筹。

作为互联网商业模式的典型代表，电商将一种全新的生活方式带给大众，把商城直接建在网上，目的是为了抢占更多市场份额。与传统商业模式不同，电商的营销理念就是要让客户得到更多实惠。

阿里巴巴就是这么做的，它很有针对性，把中小企业定为目标客户，让他们用几千元的会费，换得几十万的利润，客户当然愿意跟随它；天猫商城也抓住了这个机遇，所以才会发起一年一度的“双十一”购物狂欢节，它能够利用互联网这一便利条件，让众多商家发起“联盟”，从而让顾客买到物美价廉的商品。

让客户感觉到“实惠”永远不可能错，但如果将互联网商业模式简单地看成一种“让利”模式，就大错特错了，因为它在打造高“性价比”商品的同时，还非常注重与客户的互动，这就是互联网商业模式中非常重要的分支——微营销。

“看新闻，上新浪”，这个聚焦于新闻平台的口号是该门户网站最为成功的品牌宣传，也由此奠定了它的网络地位。作为新浪网的主营业务，新浪新闻长期肩负开路先锋的任务。看过新浪新闻的人都知道，它的信息覆盖面非常广，甚至可以用“海量”来形容。同时，该网站推崇平等和自由的主旋律，做到快速整合资源，并传达给大众，正因为如此，人们对新浪新闻的评价才是：及时、准确。

早在美英发起“沙漠之狐”行动时，新浪就开辟了24小时不间断滚动播出新闻的先河，之后的“9·11”事件，新浪也在第一时间向公众传达了这个消息，它甚至比大多数电台、电视台还要快。这个领域里，新浪总是走在前列，所以，外界称其为“网络中央电视台”。

有了坚实的基础，新浪更加注重其网络营销的进程，这个过程中，它始终坚持“交互式”营销策略，以提供满意的客户服务为宗旨，将网络广告业务做得有声有色，走出了一条“注意力经济”的成功道路。

人们常说机会总是留给有准备的人，新浪网并没有完全依靠之前积累下来的“老本”，而是通过研发更多附加业务，不断提升实力。

它针对不同使用人群，将业务领域扩散至方方面面。例如，提供无线增值服务的新浪无线、社区及游戏服务的新浪热线、搜索及企业服务的新浪企业服务、提供生活服务的新浪电子商务、新浪微博等，这些都是该网站形成完整商业模式的重要组成部分。

如今，新浪网就像一个庞大的信息王国，几乎能为所有人提供一切所需要的信息，有了这些，人们就能购买到理想的商品，找到能同自己交流的人，选择想要去的目的地……让你做到足不出户，便知天下事，并且广交朋友。

除此之外，新浪网还得解决大众的实际需求。例如，在线支付、转账、购买、预订等，这些都是令其拥有稳定客户群的重要因素，这就是它能长期保持“江湖老大”地位的原因。在互联网经济日益发达的今天，它所创建的商业模式，也成为众多人所研究和借鉴的对象。

作为最成功的门户网站之一，新浪将互联网的优势体现得淋漓尽致，这要归功于它所建立的新型商业模式，它始终知道自己有什么、能够给客户带来什么，并且每跨出一步前都会“审问”自己：产品是否能带来这个效果？

其实，传统商业模式也非常注重“客户体验”，但由于其限制条件较多，无法令每一次交易都给客户留下“美好的印象”，似乎总是有遗憾。而电子商务在这方面就做得很好，由于后者能够对信息进行批量处理，从而在第一时间找到客户的需求点，并做到快速解决。加之众多电商在PC和移动设备上同时建立端口，令大众的体验和购买过程更加便捷。

此外，电子商务与传统贸易相比，省去了许多不必要的成本，这些被节约下来的资金，被电商用于扩展业务领域、让利、巩固技术支持等环节，也就是说，电商有更多能力进行“自我投资”，这就是电商在现阶段比传统贸易成长更快的“秘密”。

可见，互联网商业模式的先进性，在于不断发掘自身潜力，将电子商务所具备的一切优势都融合于一体，并通过新颖的宣传手段，吸引周边资源的“靠近”，从而令自己不断壮大，这是传统商业模式无法做到的。既然现实如此残酷，传统贸易者就不能再等待了，必须马上为自己找出路，再不行动，传统行业或将遭受更沉重的打击。

抱残守缺，只会加速传统行业的衰落。

沉着应对：魔高一尺，道高一丈

施治之方 1：穷则思变——新理念带来新模式

穷则思变，变则通，通则久。

信息技术革命，将大众带入以深度互动为特征的新互联网时代，在这样的背景下，互联网经济高速发展，给传统行业带来前所未有的危机感，令其不得不开始寻找新的出路。

面对残酷的竞争，传统行业似乎进入一个“怪圈”：永远都身处“红海”，为了稀薄的利润互相拼杀。

这时候，有人提出对现有的商业模式进行调整，意在增加企业的盈利能力，这个提议很快得到传统贸易者的赞同。因为在当前局势下，“变革”是最有效的方法。

传统行业想要演绎新商业模式，就必须以全新的理念为支撑，把陈旧的观念分割出去，才能想出全新的办法，以应对激烈的市场竞争。

人们常说，狭路相逢勇者胜。勇气和魄力是对现有商业模式进行颠覆的前提，没有做好进行“破坏性”创新的心理准备，是无法实现这一目标的。当很多企业还在原有思路中苦苦挣扎的时候，一些有胆识的企业家凭借其创新精神，早已踏上新的征程。

A 公司是一家中型规模企业，专为年轻女性设计制造护肤产品，已经在十几个城市开设了门店。虽然拥有较为悠久的“历史”，但在市场竞争白热化的今天，公司利润早已大幅缩水。

有人建议：我们也将产品拿到网上去卖，现在电子商务这么流行，一定能找到新客源。

总经理觉得这不失为一个好方法，于是对此展开讨论，终于决定投入一部分资金，在企业内部建立“网络营销小组”。一段时间后，大家发现其收效比想象中要差得多。

此时，总经理意识到：想要拯救企业，不能像“小打小闹”一样在原有基础上进行微调，而是要对现有的模式进行深度分析，如果有必要，就得进行“二次创业”——重新定位已有的一切。

当务之急，是要弄清楚顾客究竟要什么，如果能生产出其他品牌没有的东西，自己就赢了。A 企业打算以此为突破口，进行一次深入的市场调查。

很快，调查员发现，有越来越多的年轻女性开始注重自我保养，她们经常出入美容会所，而在人们过去的想法中，这是中年女性经常去的地方。调查结果显示：都市年轻女性希望通过更科学、高端的护肤手段，让自己从压力中解脱出来，既美容保健，又让精神得到舒缓。

A 企业就此展开讨论，决定在门店旁边开设美容中心，聘请有熟练技术的美容师，用本公司产品对顾客进行有针对性的服务和指导。

这种做法很快吸引大批顾客前来咨询，公司也给予很多优惠：只要购买超过一定数额的产品，就能提供免费服务，直到所购买的产品用完为止。

对于年轻女性来说，这是非常有吸引力的。一个月的时间，销售额就翻了好几倍，终于令 A 企业看到了曙光……

所谓对商业模式的破坏性创新，就是要通过重新定义顾客价值、改变提供产品或是服务的途径，甚至改变收入模式，令品牌重新具备活力。

很多企业不愿意进行较大规模的改革，或是不愿意在此方面投入人力和物力，是担心即便改革了，也不能令利润增加，企业就会“赔了夫人又折兵”。

的确，国内大多数企业的资金和规模有限，经不起“折腾”，一旦改革失败，很有可能一蹶不振。但是，不改革的话，企业同样会面临困境，这时候，管理者该怎么办？

首先，要进行有针对性的市场调研，企业花在研究“目标客户”上的精力越多，改革获得成功的概率就越高。

A企业的目标客户是都市年轻女性，它在进行调研的时候，也将全部目光放在这类人身上，不仅观察她们在其他品牌柜台选择产品的情况，而且关注她们还有可能去哪里，因为前者对A企业帮助并不大，尤其在产品同质化较为严重的今天，必须拥有其他品牌没有的服务，才能得到顾客的青睐。

其次，问自己三个问题：打算怎么做？这样做，可能遇到哪些困难？做好接受失败的准备了吗？

市场调查完成后，就应立刻对结果进行分析，最终讨论出解决办法。A企业的决定是：在门店旁边开设美容会所，用本品牌产品为顾客服务。这种做法虽然为企业带来了很多希望，但也存在风险，该企业的管理人员一定会想到：得不到顾客的信任怎么办？能响应这种“号召”的顾客过少怎么办？既然问题被提出来了，就要对此进行解答：是否能令顾客相信，关键在于她们的体验，只要有人说“好”，这个消息就会很快在女性当中传开。此外，A企业还想到了“保本”的方法，就是客户必须在购买一定数额的产品后，才能接受免费服务，这个数额需要进行精密计算。

企业进行改革之时，管理者要做好“最坏打算”，如果你连这个“最坏的结果”都能接受，接下来遇到的困难，就不可能将你打垮，因为你正在做一件“了不起”的事情，必须有足够的心理承受力。

过去，企业的创新主要集中在技术领域，而今天，管理者要将更多精力放在商业模式的创新上，互联网经济之所以能够迅速发展，原因就在于它的商业模式具有很大的可塑性，甚至可以称其为“弹性”，它可以容纳很多元素，并将它们调整至最“和谐”的状态。

这对传统行业来说，同样是很重要的启发。企业是否具备竞争力，要看它能否对价值链中的要素进行拆解和融合。

建立新商业模式，还有另一种办法：为传统行业价值链中的要素赋予新的定义。这是一种新型的资源整合方式，要先进行细分和解构，再将它们重构和融合，是为了不断摸索出适合企业的模式，同时令任何环节上的要素都存在创新的可能，新的商业模式一旦被建立，就是其他传统模式所不可比拟的。

很多企业为了寻找出路，还将大部分精力放在研发新产品和新工艺上，这种办法比较“土”，无法令企业在短时间内看到成效，简单地说，你不知道自己能否收回成本。

不妨多关注企业信息平台、网络平台、市场平台、服务平台等方面的建立和完善情况，摆脱旧观念的束缚，用创新的眼光去看待商业模式。

管理者想要有作为，必须先调整思路，将创新的概念融入产品中。例如，苹果公司在2002年开发的iPod系列，就是将产品开发从技术平台转移至概念平台的典型代表。

新商业模式的建立，离不开管理者对原有模式的剖析和对互联网商业模式的了解，在此基础上，还需要合理整合现有资源，有效利用它们的优势，才能在市场竞争中保持赢家状态。

想生存，图发展，就要勇于突破旧的藩篱。

施治之方 2：顾客永远是上帝——以体验换来成交额

推陈出新，新鲜的、舒适的，永远是吸引人的。

近些年，电子商务高速发展，令很多实体店大呼“没活路了”，面对这种情况，传统行业纷纷陷入恐慌。实际上，“实体店”也具备独特优势，关键在于管理者如何运用它们。

与传统贸易方式相比，电子商务是在一个虚拟的平台上展开的，这就引出了第一个问题：客户如何了解产品的真实情况？

对于实体店来说，这根本不算问题，因为顾客总是会在对产品进行“体验”后再付钱，既然如此，商家就应在这方面“做文章”，顾客的体验感越好，成交的概率就越高。

不妨先对顾客进行分类，看看针对不同类型的顾客，商家应分别给予什么样的“服务”。

第一种，闲来无事的顾客。

大部分人在逛街之前，并没有想好要买什么，这是把逛街当成一种休息方式。既然如此，商家就要用好玩的东西吸引他们，帮顾客打发无聊时光。

例如，在店里准备一台小型游戏机，或是放几本杂志，不管怎样，你先将他们的注意力吸引过来。

第二种，特别能聊的顾客。

这类顾客多为女性，她们经常出入化妆品店、服装店等，想要和导购员聊美妆心得、搭配技巧，目的是为了获得潮流资讯和相关方面的经验。管理者自已和员工都要多关注这方面信息，做到与顾客“聊得来”，她们才会经常来买东西。

第三种，喜欢凑热闹的顾客。

尽管电商也要进行宣传，或是举行打折促销活动，但顾客始终无法得到真实的体验。正因为实体店在此方面存在优势，又不乏喜欢凑热闹的顾客，所以商家要尽量用一些新颖的活动方式吸引大家的注意力。

这个过程中，要多关注那些“爱凑热闹”“爱出风头”的顾客，把他们变成活动的引领者，帮助商家造势。当然，别忘了给予他们一些“回报”，打折卡、小礼品都是不错的选择。

顾客永远被商家视为“上帝”，对于实体店来说，抓住客源是保证盈利的前提，然而，顾客所关注的，不单单是营销过程，他们对购物环境、宣传活动、购物体验、售后服务等都有不同程度的要求。

B企业是一家大型连锁商场，主营家用、办公家具，在传统行业纷纷走下坡路的今天，它依然保持良好的盈利水平。之所以创造这么优异的成绩，得益于它将顾客看成真正的上帝，它关注每一个细节，目的是为了保证顾客在购物的同时有一份愉悦的心情。

从门前的停车场开始，就会令顾客产生眼前一亮的感觉，干净整洁的环境，还种着很多植物，很少有商场把这里弄成“花园”，它却做到了。

商场内部更是一尘不染，大厅里总是很亮堂，常年开着灯，加之光线的柔和度很适中，不容易令人产生视觉疲劳。

商场会根据四季的变化，对卖场内的装饰进行调整，既应景又非常贴心。为了方便顾客，商场将家用和办公用家具分开经营，并在门口处贴上很明显的指路标，你想去哪个区域选购，按照指定的方向走就行了。

既然是家具店，就要让顾客有“宾至如归”的感觉，所以，商场在装修方面下足了功夫。例如，瓷砖、窗帘等物件的选择，尽量接近家庭装修，而不是刻意暗示顾客这里是商场。

此外，它还特意开辟了“休息区”，这个区域的亮点在于，它真正适合顾客休息，而不只是摆了几张椅子。这个休息区里，有儿童乐园、吸烟区，并摆好了杂志、饮水机、CD 播放机和桌子，做到让每一位顾客在这里得到休息。尤其是带孩子来的顾客，能够把孩子放在这里玩，自己去选购家具。

商场有自己的物流系统，对本市范围内的客户实行免费配送，只要商场有存货，都能在 24 小时内配送完毕。该商场能为顾客提供哪些服务，都会在须知上写清楚，免去了他们的顾虑。

可见，当实体店将“顾客体验”几乎做到完美的时候，顾客自然会来买东西，实际上，网店和实体店的区别在哪里，顾客心里有本“明白账”。作为传统行业的管理者，就是要在顾客准备过来体验之前，想到一切他们所需要的东西，等到顾客真的来了，就要用热忱的服务让他们不想走，只有这样，实体店才能发展“回头客”。

2012 年，电商替代论甚嚣尘上，代表电商市场和传统市场的两个知名大亨，分别讲述了自己对未来市场的看法：前者觉得电商能代替传统贸易；后者却持相反观点。尽管实体店已将“顾客体验”这张王牌牢牢攥在手里，但大部分传统贸易者还是会担心：电商大亨的预言是否真的会成为现实？

为了巩固自己的地位，很多综合性商场开始向目的地商业看齐，从原来的销售导向，逐渐转向顾客体验导向，在此之前，它们只在乎销售量和现金流，现在却非常重视顾客平均滞留时间。

以前商家恨不得顾客在买完东西后马上离开，现在却想尽一切办法“留住”他们，所以建立了大量的免费设施，例如，儿童游乐园、音乐喷泉、茶水间等，目的就是为了让顾客多停留一会儿，这样做表面看起来并不划算，因为很多顾客只享受免费设施，并不一定会买东西，但有数据表明，这种经营方式能够大幅提升运营绩效。

其实，实体店如何打败电商，人们心里有一本明账：前者必须存在后者没有的东西。互联网的优势在于：低成本、信息量大、覆盖面广、方便快捷、方式新颖……实体店的优势在于：信用度高、满足“逛街”的需求、无须邮费……若是开网店，必定要经历“无成交量、无等级、无评价”的阶段，而实体店则不同，只要找个人流量大的地段，马上就能开张做生意，毕竟还有部分人不习惯在网上购物。

互联网时代，实体店仍有优势，就看你有没有好好地发掘它、利用它。

施治之方3：“上”“下”联动——线上宣传，线下销售

面对方兴未艾的互联网经济，传统行业必须屡出奇招，才能“自我救赎”。

既然对手很受欢迎，不妨借鉴它的经验，做到“实体店”与“网店”同时开，采取“线上销售”的方式，相当于给“线下”产品做宣传，反之，又让顾客多了一种购物的选择，或是只在“线上”做广告，销售工作全部由线下完成。

以传统销售为主的企业，应当建立自己的网站，虽然很多企业做过这类尝试，却没有重视它。打开某某公司的网站，几乎找不到有用的信息，甚至只有简单的介绍，这样既起不到宣传的效果，也无法建立“线上销售”渠道。

不妨认真去做一个企业网站，把它变成与顾客互动的平台，全面介绍企业的情况，并及时更新产品和活动信息。如果能够把它变成一座连通企业和顾客的桥梁，就能更好地维护客情关系。

对于实力雄厚的企业来说，完成这件事并不困难，然而，国内很多企业规模尚小，想要建立和维护好网站，可能有些困难。鉴于这种情况，商家应当保留网站中的“必要元素”，例如，企业简介、产品介绍、网上沟通渠道等，有些大型企业能够让网站更加丰富，并且及时更新，中小企业即使还无法达到这样的水平，也应当重视企业网站的运作。尤其是重点环节，如新产品信息发布、优惠活动等，因为这些都是顾客非常在意的，商家若是做得好，就能吸引顾客的注意力。

G 公司是一家专营汽车零部件的企业，虽然拥有较稳定的销售渠道，也掌握着不少老客户，但在市场竞争日益激烈的今天，G 公司的业绩还是下滑了不少。面对这种情况，管理层决定“另辟蹊径”，通过互联网宣传带动企业的发展。

起初，G 公司建立起企业网站，并高薪聘请技术人才，将网站尽可能设计得漂亮些，公司有什么“新闻”，也会令人第一时间在网站上更新。一段时间过去了，确实有客户找上门，但效果并不可观。

这时候，有人提议开通网上咨询渠道：在网站上设立聊天窗口，同时和总经办的几个文员电脑连在一起，一旦有人点击，后台就能及时回应。

使用了这个方法，G 公司又留住了不少顾客。直到有一天，某位客户的要求让该公司萌发了“网络销售”的念头。

这位顾客身处北方，他正需要 G 公司开发的一款产品，于是打电话过来，要求他们把该产品的检测过程制成视频，并发送给他。看完视频后，对方当即询问能不能给他们寄去样品。这一来二去，G 公司依靠网络联系，完成了这一单生意。

有人说："不如用现在比较流行的网络交易吧，安全便捷。"老总觉得这不失为一个好办法，于是，在"天猫商城"办起了店铺，通过网络、实体两种销售方式同步进行，让G公司在短短半年内营业额就提升了30%。

可见，在互联网飞速发展的今天，传统行业可以通过将这个元素加入其中，形成"线上"带动"线下"的经营策略，既保留原有运营模式，也不断开辟新的销售渠道。同时，传统行业管理者也不能盲目地将两者结合起来，以免出现意想不到的麻烦，这个过程中，商家一定要找准时机，并清除阻碍两者"合并"的因素，简单地讲，就是传统行业要做好充分准备。

首先，商家要保证充足的资金，正因为电子商务前期投资较大，如果没有充分的思想准备，或是没能与股东们达成一致，很可能造成"半途而废"的情况。所以，商家要根据本企业情况，设计最适合自己的网络营销方案，从而保证收益。

其次，商家要对"线上""线下"共同经营有一个合理规划。与"线下"销售相比，传统行业在启用互联网初期，"线上"销售情况可能会不及预期，这就容易让管理者和股东们产生分歧，后者一定会想：投入这么多钱，却只获得这些利润，甚至没有利润，是不是错误的决策？

所以，传统行业管理者一定要拿出能够激活"线上"销售活力的方案，例如，为品牌造势、实行一定幅度的价格优惠、提供更便捷的服务等。

值得一提的是，"线上""线下"时常发生矛盾，尤其是面对热门产品，当所有人都将目光盯着畅销品，库存就会明显不足，商家把它们给任何一方都会让另一方产生异议。

想要解决这个矛盾，商家就必须先摸清产品的底细，做好储备计划，以免出现"线上""线下"争抢的情况。此外，大型企业还应顾及经销商的情绪，及时调整营销方案。

总的来说，让“线上”带动“线下”，是将传统行业与互联网的优势联系到一起，起到扬长避短的效果。只要商家能够整合好资源，这种方式就能起到预想的效果，反之，则会令“线上”“线下”资源相抵触。

“线上”“线下”各具优势，只有双管齐下，才能“药到病除”。

第二章 ╱ 内有同业竞争，外有电商围歼

——传统零售业路在何方

互联网给人类带来的影响是巨大的，甚至改变了人们的购物习惯，更催生出足不出户便可阅尽天下商品、更能买进天下商品的“网购一族”。而今，网购族不仅仅是那些为了省钱而网购的穷人，更多的社会精英也加入了网购的行列。毕竟，网购给人带来的不仅是实惠，更是便捷。

一 残酷的现实：传统行业折戟沉沙

辨证1：“双十一”购物狂欢让“光棍”们不再难堪

电商的出现，改变人们的购物方式，甚至颠覆了人们的旧观念。

放眼望去，身边大多是“淘宝一族”，光从他们收货的频率来看，就知道他们有多喜欢逛淘宝了。尽管如此，谁也不会想到它会在“双十一”这一天成为全国人民关注的焦点，这个普通的日子，先是被赋予“光棍节”的称号，后来成为“购物狂欢节”。

如果你觉得只有 11 月 11 日那一天是疯狂的，就大错特错了，淘宝、天猫会提前很久便开始做促销宣传。例如，部分商品可以接受预付定金、发放礼品券、优惠券等。最重要的是，告诉广大消费者，商品在“双十一”这一天是半价的，有了这些活动做铺垫，人们开始蠢蠢欲动。

早在 2009 年，天猫（当时称为淘宝商城）就酝酿着在 11 月 11 日这天做点什么，目的是为了让更多人知道淘宝商城。虽然选择这个点做促销活动有些冒险，因为它处于十一黄金周和圣诞节之间，但是考虑到这个时间里，很多人要为过冬添置点东西，所以决定试一试。没想到产生了巨大的市场效应，并在随后的几年中，迅速发展成为电商消费节，人们早已忘记这一天与“光棍节”有关了，因为它已然成为购物者的狂欢日。

从 2009 年到现在，淘宝商城在“双十一”这一天所创造的业绩，被越来越多的人关注，甚至在 2013 年 11 月 11 日这一天，天猫取得了 350.19 亿元人民币的成交额，远远超过 2012 年的 191 亿元，并且超越了美国最大网上购物节——“网络星期一”。更令人关注的是支付宝交易额的累加速度，同样创造了销售市场的纪录，从这一个个数字的背后，体现出淘宝网已经对传统零售商产生了巨大冲击力。本次“双十一”活动最令人意想不到的是移动端的发力，手机淘宝当天的交易额为 53.5 亿元人民币，和去年相比增加了不少，甚至有人把它和沃尔玛中国区一个月的交易总和相比，它获胜。

“双十一”当天，支付宝就实现了 4000 多万笔手机交易，占其整体交易数量的 1/4，这个数据也刷新了全球移动支付纪录，让淘宝网成为名副其实的电商之王。

这些令人惊叹的数字，说明了电商的发展是超乎人们想象的，可能在你还来不及感知的时候，互联网已经颠覆了人们的生活。

除了阿里巴巴，其他电商也在“双十一”这一天集体爆发，力争在这场购物盛宴中分得一杯羹。然而现实比预想得更好，甚至连他们自己也没想到，“线上”业务会如此火爆。

不妨来看看部分电商的“双十一战绩”：

易迅网当天创下了60万单生意，总金额超过5亿元人民币，这个数字较去年相比翻了4倍，创历史新高。

苏宁也公布了促销活动成果，由于门店与苏宁易购同时参与促销，令“线上”“线下”的业绩同时飘红，一并刷新单日销售纪录。总裁金明说，“双十一”当天，实体店的客流量是平时的近4倍，网上商城的销量比平时增长了近10倍，“线上”“线下”同时经营，为两者提供了便利，消费者也多了一些选择的空间。

国美在线方面也传来好消息，“双十一”当天的销量比平时增加了不少，虽然尚未有网站公布具体销售数字，但仅凭当天的火爆程度来看，它的业绩同样很不错。

同时，以物流为主要亮点的“京东商城”，在“双十一”当天也表现不俗。不论访问量还是订单量，都是平时的数倍，虽然与淘宝网等相比，略显劣势，但从长远发展的角度看，京东商城有着不错的潜力。

值得关注的是，不仅中国消费者喜欢在网上买东西，很多外国人也愿意通过电商购买物件。

例如，一名在国内某大学学习的外国留学生表示，2013年“双十一”当天，他一口气在网上买了五件上衣、一双拳击手套和其他日用品。要知道，他平时很少用这种方式购物。

正如很多人所说，“网购”是会“传染”的习惯，不常网购的人，会因为身边有喜欢网购的朋友而爱上这种购物方式。可见，网上购物作为一种新兴购物体验，正改变着人们的生活。

消费者到底因为什么而喜欢网上购物呢？有人说：“足不出户就能逛街，而且物美价廉，由快递直接将物品送上门。”有人说：“电商打出的各种活动很吸引人，例如淘金币兑换、秒杀等。”甚至有人在看到“包邮”二字时就会觉得自己占了大便宜。有了群众基础，电商想不火都难。

电商火了，就会对传统行业中的零售业产生巨大冲击，若不能及时出招抵挡，传统零售业就会陷入困境，最终成为互联网经济发展过程中的牺牲品。

面对如此火爆的销售冲击，传统零售业，你嫉妒了吗？

辨证 2：得“物流”者得天下

电商最怕的是什么？物流不给力！

“双十一”过后，最辛苦的当属快递哥了。相关统计数据显示：电商“购物节”后的 3~5 天内，是各大快递公司最繁忙的时候。有了前几年的经验，很多物流企业在 2013 年“双十一”到来前，就已经做好准备，出动各种运输工具，用来备战“双十一”。即便如此，还是出现了不少快递滞后配送的情况。

传统行业笑了：原来电商也有弱点，一旦物流系统“不给力”，就会令其名声大减，这样一来，我们就有机会了。

现实并非预想得那般美好，当电商之间展开激烈竞争的时候，已经意识到物流的重要性，于是，他们转而开始建立自己的物流系统。对于传统行业来说，当物流变成电商角力新战场的时候，你们更应该注意了。

长期以来，电商都不得不依靠第三方物流生存，虽然很无奈，但又是短时间内无法改变的状况。这时候，有人按捺不住了，开始将资金投入对物流的建设上，不难看出，这会令电商的经营业绩更上一层楼。这个过程中，已经出现了佼佼者，通过建立自己的配送平台，从而留住顾客。

上线几年来，苏宁易购一直以“黑马”形象示人，不但创造了令人骄傲的成绩，还建立起自己的物流系统，这在电商中很少见。苏宁电器管理层表示，到 2015 年，物流方面总投入可能会达到 150 亿元，做到在全国 60 个城市有物流点。

面对线上产品越来越多的情况，苏宁易购拿出了新的方案：不但要保证大件按时送达，还要做好对小件的处理，以满足不同客户的需求。

随着越来越多的产品上线，建立更多自动化仓库成为迫在眉睫的事情，所谓自动化，是要做到立体存储、语音拣选、电子标签拣选和自动包装等，这些技术的投入，会大大提升物流配送的效率。苏宁方面表示，一个自动化仓库，能同时存储 300 万件货物，每小时可以处理 5000 个订单，满足 350 家门店的调拨需求，并实现 200 公里以内在一天内送货的需求。

依托强大的苏宁商城，线上销售网络正向全国各地撒网蔓延，同时，苏宁易购也在一些重点城市设立了小件配送模式，自建的毛细物流平台，更是承载了百货、小家电等商品的配送任务，保证物品能够快速准确地到达顾客手中。

想要抢占更多市场份额，电商便需在物流环节上做足功课，越是能缩短配送时间的电商，越能抓住顾客的心。目前，国内已经有好几家电商逐步建立起物流系统，虽然能进行独立操作的屈指可数，但这已然成为不可改变的趋势：在互联网经济日益发达的今天，电商之间也开始激烈追逐，做自己的物流便是其中一个很重要的方面。

说到国内电商，阿里巴巴一直保持较领先的地位，它也在建立自己的物流平台，2013 年 9 月它已经宣布即将整合物流事业部和菜鸟网络，并且加大此方面的投入，争取早日创建数据化平台，从而帮助物流事业的发展。

可见，当传统行业还在与电商打价格战的时候，后者已经把重心放在了物流环节上，这更令实体店措手不及，因为它们感觉到互联网正带着强大的气势走来。

如今的情况是：未建立物流平台的电商，开始逐步打造适合自己的配送中心；已经尝试过自有配送系统的电商，开始减少物流的外包比例，增加本公司物流配送率；对于同苏宁易购相类似的电商来说，不断扩大仓储能力和提升配送速度，成为他们要考虑的事情。

互联网企业已经进入竞争白热化的阶段，曾经的“蓝海”已经变成“红海”，此时，传统行业的压力更为明显，如果你还没有足够的危机感，就有可能陷入更严重的灾难中。

电商之间的角力，最终还是物流能力的比拼。

辨证 3：电商的新手段数不清

电商的可怕之处不在于数量多，而在于手段多，且日益成熟。

国内电子商务发展至今，已走过十几个春秋，在大众看来，它正朝不断完善的方向进发。然而，电商战场从往日的“蓝海”变成“红海”，随之而来的是新趋势的诞生，面对不断颠覆的行业状况，传统贸易者更要做到“知己知彼”，不妨来看看电商们都有哪些新变化。

电子商务发展初期，将大部分资金用于广告投放和技术支持，随着业务量的增加，电商就必须挪用一部分资金去强化供应链。目前，不少电商都在往这个方向努力，以免出现线上产品供不应求的情况。

苏宁集团表示，一定要保证线上产品的供应量，在网店与实体店出现供应冲突的时候，实体店应当做出适当让步。

这就给传统行业释放了一个信号：电商已经对贸易过程中最重要的环节开始“积蓄能量”了。较传统行业相比，电商少了很多中间环节，甚至产品一下生产线，就可能被放到网上销售，一旦供应环节出现差错，线上业务就会遭到打击。目前，这类情况还不是很严重，但电商已经早早开始做准备。

在强化供应链的同时，电商逐渐扩大产品种类，传统贸易者称：“这已经不是一件稀奇事，互联网本身就带有很强的延展性。”确实，在一个电商的“货架”上，顾客可能会看到各种门类的商品，但大多不全，或是供应方面很难跟得上。如今，电商大力打造更畅通的供应链和仓储平台，这就给扩大商品门类提供了空间。如果说之前电商们是在“盲目扩张”，如今就是“有计划地扩张”，传统行业如再不提高警惕，将会面临关门的可能。

如果觉得电商的发展新趋势仅仅只有这些，那就大错特错了。所谓“电商”，就是依靠电子平台做生意的人，前者是手段，真正的亮点在于“商务”。

作为国内 B2C 市场中较有名气的电子商城，“京东”正以惊人的速度发展，2010 年跃升为中国首家规模超百亿的网络零售企业，2013 年，京东商城超市业务上线，更加吸引了顾客的目光。

2007 年，“京东商城”这个名词正式出现，同年 7 月，便在“北上广”建立了物流体系，当时的物流总面积已经超过了 5 万平方米。10 月，京东又在这三地启用了移动 POS 设备上门刷卡服务，这一开创性举动引发了大众的关注。

接下来的一年，京东在 3C 市场站稳了脚，仅一年时间，就完成了 3C 产品的全线搭建工作，这个速度令世人震惊，也为其创造了更多机会。2009 年，京东获得了 2100 万美元的注资，为接下来的工作积累了充足资金，2 月，它首尝特色上门服务，此举成为 B2C 市场探索增值服务的重要突破，等到 2009 年过半，京东的单月销售额已经与 2007 年全年持平。

如果说之前的京东只是一个单纯的网上购物平台，那么，2013 年的京东，已经成为一个企业。

3 月底，京东正式启用 JD.COM 的域名，全面改名为京东，在去商城化的同时，进行新的品牌定位，并设计了吉祥物，令大众眼前一亮。

京东表示，更换域名和全名，是为了让大众有更多想象的空间。从此刻起，京东不单单是网上商城，它还可能兼备其他功能，“京东”应当成为一个响亮的品牌，而不仅是某个电商的代名词。

可见，电商已经不满足于在 B2C 平台上建立“集贸市场”，而是想要形成更为完整、强大的贸易系统，即电子商城。到今天为止，一些尚无成熟体系的电商，同样能够在网上卖东西，但这样的现象会在近几年内得到改变。当另一些有远见的电商们开始发掘品牌价值和顾客潜力的时候，其他小型电商也会纷纷效仿。届时，传统行业所面临的打击将会来自四面八方。

说到小型电商，不得不提及另一种趋势：买家与卖家的界限越来越模糊，在某些平台上，消费者能够很轻松地参与到商家的运营中。

就拿“淘宝网”来说，虽然在天猫商城中开店并不容易，但开一家淘宝C店却特别简单，所以，很多人既是淘宝卖家，又是买家，这个过程中，他可以轻松地参与现金返利、获得淘金币或是积分。尽管很多人将此看成“兼职”，甚至只是想从中获得精神上的满足，但这种趋势会在未来几年内得到强化。对于小型实体店店主来说，这可能算得上坏消息了。

面对电商屡出奇招的情况，传统行业是否已经准备好接招了呢？恐怕大多数传统贸易者已经手足无措了。正因为电商的势头很盛，加之已经有了一定顾客基础，所以传统行业更要保持冷静，以免因“意气用事”而造成不必要的麻烦。

电商风光无限，传统行业一定要博采众长。

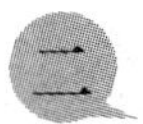

二 沉着应对：魔高一尺，道高一丈

施治之方 1：人无信不立——用诚信换取顾客的忠诚

诚信经营，永远是俘获顾客的不二法门。

虽然电商为大众提供了更加便捷的购物体验，但是依然有不少人还不习惯网购，这就给传统零售业提供了机会。想要夺回“失地”，首先应稳住阵脚，不妨先抓住老顾客的心，通过提升他们的忠诚度，从而增加“回头客”。而提升忠诚度的关键，在于获得他们的信任。

对于零售行业来说，诚信经营是开启成功大门的“金钥匙”，失去了它，顾客便不会再上门。很多消费者之所以没有倾向于网购，原因在于对其信任度不够，尤其是上了年纪或是在网上有不愉快交易经历的人，传统贸易者若是能让他们对实体店建立信任度，就会留住顾客的心。

王先生是一家烟酒专卖店的老板，某次，他在搬货过程中不小心把几条中华牌香烟压变形了，于是将它们撤下柜台，放进仓库。

某天，王先生外出办事，将店铺交给妻子打理，而妻子却将那几条烟卖给了一位顾客。其实，妻子并不是故意的，只是对方一时间要了很多条烟，货架上的货明显不够，加之顾客也没细看，匆忙间导致了这件事的发生。

王先生回来得知此事后，坚持去找这位顾客。他觉得店铺能走到今天，全靠信誉支撑，不能轻易丢了这个“宝贝”，终于，他找到了对方。

原来，是某企业在他这里团购的烟，用于新年团拜会，负责人知道了王先生的来意后很感动，不仅决定以后都在他这里购买烟酒，还推荐朋友过来买。

不论街边小店还是大型商场，都要秉承“诚信经营”的理念。与电商相比，实体店更容易建立信用体系，这是传统贸易者的优势。

店铺一旦有了信誉，想要掌握固定客户就方便多了，此时，很多商家会借机提高价格，意在赚取更多利润。这便是传统贸易者在定价方面的误区，最合理的定价区间，是以不同商品的成本为定价基础，并结合当前市场情况，而不是盲目地定价，以免出现过高或是过低的情况。

电商在这方面就做得非常好，淘宝网成立至今，除了天猫商城，其他商户都可以“零成本”开店，因为淘宝重在人气和品牌，有了这些，其他附加功能才有发挥的空间。鉴于此，传统贸易者也不能将全部注意力集中于价格。

对于规模较大的零售店来说，提升顾客忠诚度，不能忽视了“软实力”。在此之前，顾客看商家，都觉得对方将手伸到了自己的口袋里，这种感觉很不好，会伤害商家与顾客之间的感情。如果能让他们感受到，商家是在设身处地为自己着想，情况就会大不一样。

A 百货公司 2013 年推出了“入会有惊喜”的活动，一改有偿入会的情况，不仅邀请顾客成为会员，还为他们准备了精美的小礼物，一下子吸引了顾客的目光，不到一个月的时间，入会率提升了 50%。

很快，百货公司将这些会员的资料整理好，并进行详细的分类，意在分析他们的购物取向，并把需要的商品信息写在电子邮件或是手机短信中，及时发送给顾客。

凭借这种方式，A 百货公司 2013 年的销售业绩提升了不少。2014 年开始，A 百货公司不仅照样沿用去年的方法，还制作了用于介绍不同商品的实体杂志，放在商店的一楼大厅中。虽然是杂志，但是看起来并不费劲，因为商家已经对商品种类做了整理，顾客想要什么，能够马上知道在哪里买。

与以往的零售门店管理不同，这种方式被称为“精细化管理”，它对“粗放型管理”有改进作用，让顾客觉得更贴心，而这些，是很多电商做不到的。

有人将“零售业”称为一个特殊行业，原因在于它和人们的生活息息相关，所以，商家必须令顾客感受到贴心的服务。

面对互联网经济日益勃发的情况，传统零售业者必须通过创新手段提升顾客的忠诚度，这里所说的“创新”，不是要求商家做惊天动地的大事，而是从细微处着手，帮助顾客打造良好的购物环境，包括实体环境和心理环境。

商家若是能时刻把握顾客的需求，就可以根据其购物行为的变化，对现有的购物环境和销售方式进行调整。例如，随着人们生活水平的提升，更多家庭进入中产行列，大家希望自己被称为“VIP”，这时候，商家就要尽量满足这类人的需求，一旦他们因消费达到一定水平而拥有“VIP”资格，就要及时进行跟踪式服务，增强他们对品牌的信心。

此外，提升忠诚度的另一个要求，是商家要用合理的方式体现自身实力。其中，建立自有品牌就是不错的选择。

对于一些实力较强的企业，可以找工厂生产自己品牌的商品，沃尔玛（中国）就是这么做的，虽然短期内商品的种类不是很多，但能够起到给顾客信心的作用。

传统行业想要增强顾客忠诚度，必须把握好最根本的东西——诚信，然后再考虑其他事情。这个过程中，越能站在顾客角度考虑问题的商家，越有可能创建自己的品牌。正因为零售行业关乎大众的日常生活，所以必须让顾客感受到商家的用心。不能给顾客提供方便，或是无法满足需求的店铺，是无法做到生意兴隆的。

你不在乎顾客，顾客也就不在乎你。

施治之方 2：手眼并重——为顾客打造视觉盛宴

传统零售业的过人之处在于，他不仅能让顾客看得见，还能让顾客摸得着。

零售店的商品陈列水平，关系到店铺的经营业绩。科学的商品陈列，能够在吸引顾客眼球的同时，激发他们的购买欲望。

与电子商城相比，实体店更容易给人真实的感觉，眼前的一件件物品，能够吸引他们的注意力，这种真实感是电商无法给予的。加之富有创意，同时符合人们观察习惯的陈列方式，更能让顾客驻足。

“醒目”是对商品摆放的最基本要求，如果顾客连某件商品放在什么地方都不知道，谈何购买呢？一般来说，展台的摆放高度应该在 1 米到 1.7 米之间，与顾客的活动区域相聚 2 米到 5 米为宜，视场宽度要在 3 米到 8 米间，将货物有序地摆放在这个范围内，既能提高商品的可视度，又便于顾客重点观察，甚至触摸。

了解了如何摆放货架，商家还需要让货架上“摆满商品”，简单地讲，就是货物要充足，并且种类丰富，给人很有诚意的感觉。试想，当你走进店铺，看到琳琅满目的商品，心情是否好很多？相反，如果走进一家店，你发现商品被稀稀落落地摆放着，你一定会质疑："这是在做生意吗?"你可能转身就会离开……

只有当货物十分充足的时候，顾客才会产生挑选的欲望，将不同货物按照性能、质量、款式、造型、包装、用途等，放在合适的位置，才能进一步激发顾客的购买欲望。

例如，将主打产品放在最易取的地方，顾客一来就可以拿到，省去了寻找和思考的时间；将气味芬芳的商品放在最能引起顾客嗅觉感受的地方；将用于体验的商品放在较为空旷的地方，等等。

实体店与网店的最大区别，在于前者更能让顾客放心，所以在进行商品陈列的时候，要便于顾客触摸、选择、试用，也可以在旁边放个小盒子，让顾客品尝，意在减少他们的疑虑。谁能降低顾客的购买风险，谁就能赢得顾客的青睐。

W 超市是一家连锁企业，在不少城市设有门店，作为一家典型的零售商场，它在商品陈列方面做足了"功课"。

走进卖场，顾客就能清楚地感受到现在是什么季节。例如，夏天的时候，会挂起冲浪等图标，并将这个季节最受欢迎的冷饮广告放在醒目位置。室内布置的整个色调以蓝色为主，既清新又与天气相匹配，顾客一下子就能走到冷饮专柜。冬天的时候，室内装饰以红色为主，将冬天最常吃的火锅食品放在显眼位置。

走到二楼的服装专柜，这种感觉更加明显，不论是衣服的摆放，还是用服装做成的宣传图，都让人有很舒服的感觉。

在某些日用品专柜，超市工作人员甚至用商品搭出了一个个奇特的造型，还经常变换，这让顾客觉得很新奇，不知不觉间也选购了商品。

这种陈列方式被称为"艺术陈列法"，或用新颖的造型、独具美感的艺术字，或用不同式样的组合陈列方式，让商品多一些艺术性，也能起到吸引顾客注意的目的。

想要让顾客购买更多商品，也可以将有关联的物件放在一起销售。例如，在牙膏的旁边货架放上牙刷、毛巾、香皂等，不仅能够减少顾客来回跑动的时间，还能让他们在这样的提示下，更多地进行需求发掘。

很多商店面临物件种类繁多的情况，无法将上万种商品一一列在醒目处，该怎么办呢？不妨采取“重点陈列法”，将顾客选择率高的商品进行重点陈列，摆在较为明显的地方，而那些周转速度缓慢的商品，则放在重点商品之后。

很多商场都会在适合的时间段里举行一些主题活动，既然如此，就需要在某些区域装好装饰物，并将此作为背景，进行重点销售。例如，圣诞节的时候，把鲜花、巧克力、蛋糕、水晶等商品和圣诞树、圣诞老人放在一起，甚至可以单设“小卖场”，目的是为了让顾客有身临其境的感觉。

实体零售店想要吸引顾客，必须拿出“撒手锏”：让他们享有完美的视觉盛宴，不然如何与电商抗衡呢？

从顾客的角度出发来陈列商品，才能激发他们的购买欲望。

施治之方3：有钱一起赚——在传统商圈中另辟蹊径

不要以为传统的、成熟的商圈中再无机会，关键是你要卖什么。

不论业内人士，还是普通消费者，都对电子商务能够覆盖多种商品的能力惊叹不已，其实，在传统零售业中，这种现象也不少见。例如，某个休闲广场内，有各式各样的商店：咖啡厅、KTV、商场、超市、餐馆等，与散落在各个地方的门店相比，综合性较强的“零售团队”更容易吸引顾客。

这就给国内零售业带来了启发，若是能体现出“集中”的概念，就可以帮助商家赢得很多顾客，从这个角度说，选址是非常重要的。

有些商家之所以没成功，是因为“在一家便利店的旁边，开设了另一家便利店”，这种说法很通俗，目的是为了告诉零售业店主们：想要开店前，先了解清楚附近有没有相同类型的店铺，避免出现与他人“分一杯羹”的情况。

不要认为无法在原先想好的地方开店，就做不了生意了。随着国内城市化水平的发展，越来越多的商圈和社区正在兴建，只要附近有居民或是写字楼，店铺就能招揽生意，尤其很多地方建设了大型商场，更为零售业者提供了选择机会。

2000年时，北京市人口规模达到1300万左右，而现在已经超过2000万人，每逢节假日，大量游客涌入北京，致使人口数量甚至最高时达3500万左右。大家都要吃喝玩乐，这就给传统零售业者带来了机会。

不难想象，在类似北京这样的城市，城市中心人口密度非常高，并且城市的规模在不断扩大，让零售业者看到了商机，沃尔玛、麦德龙等大型零售商，不仅在主城区有店铺，还加快了在城市边缘开店的步伐。随着城市的发展，这种趋势会不断得到强化。

不论本地人还是外地游客，到了北京后都会去王府井看看，这条承载了百年文化的名街，深深吸引了来自四面八方的人。从理性的角度看，王府井商圈并非零售业者的绝佳选择，因为这里既有外国名牌，也有全聚德、天津狗不理、综合性百货商场、王府井书店……一条街不可能容纳这么多东西，但王府井有独特的历史背景，这是其他商圈无法相提并论的。因此，这里并非现代商店的最佳选址。

与其相对应的是西单商圈，它以服装零售为主，沿街还开了不少饶有情趣的小店铺，加之附近有KTV、新式餐馆等，成为年轻人常去的地方，这就是西单一直保持较高人气的原因。

虽以北京为例，但充分反映了国内城市发展的情况，以及传统零售业如何演绎“集中”策略。与电商相比，传统零售业对顾客需求和消费风潮的变化更加敏感，从另一个角度说，这些对实体零售业的影响也很大。

值得一提的是，商家不仅要随时掌握顾客的最新动向，还得追踪城市发展趋势和规划。如今，不少商家将目光集中于老城区和传统商业街，忽视了新兴社区可能会带来的利润。前者不仅租金高，还很难立足，尤其对于新开业店铺；后者就少了这些顾虑，加之这类社区多为年轻群体，更具有消费力，所以存在很大商机。

开店前不仅要想好地段，还得确定自己的品牌是否具备竞争力，很多人都看过这样一则笑话：当第一个犹太人开了超市，第二个犹太人就会开餐馆，第三个犹太人便开了浴场。而中国人的习惯，是见到其他人开超市赚钱，于是纷纷开起了超市……这样说虽然有些夸张，但反映出部分零售业者的投资习惯。

所谓“集中”，是在某个范围内，存在着各式各样的商店，而不是开满了某一种商店。

在这里，不得不提到高端商品零售业，由于信任度的问题，很多顾客还不能接受在网上购买这类商品，传统零售业者应当把握机遇，打造更令消费者满意的品牌。

与普通店铺存在区别，一个商圈中，精品店的数量必须严格控制，但可以与同类中低端商品同时存在。

例如，某个区域内，大多是平价服装店，如果出现了一两个高端精品店，则会令顾客眼前一亮，店铺优势也能很快体现出来。

当然，对于想要开高端店铺的商家来说，要先弄清楚“商圈历史”，还要看周围是否存在餐饮、娱乐等店铺，否则该区域也很难吸引消费者。

传统零售业想要与电商抗衡，就必须利用好自身优势，当不同功能、类型的店铺“集中”到一起，所蕴含的能量是不可估算的。其目的在于让消费者体会“逛街”的乐趣，有吃有喝有玩，还能购物，这才是他们想要的，也是电商无法做到的。

传统零售业的从业者们，你们发现自己的优势了吗?

第三章 ╱ 你不必淘货，我不再租店铺
——阿里巴巴对零售行业的颠覆

传统的零售业，离不开零售者，更离不开批发商。然而在批发的过程中，无端消耗了不少的人力物力财力，所以，当阿里巴巴横空出世的时候，人们的观念很快就被颠覆了——原来批发也可以足不出户。

残酷的现实：传统行业折戟沉沙

辨证 1：批发新模式——B2B

拉着小车“淘货”的时代已经一去不复返了。

在人们的印象中，“小拉车+黑塑料袋”是批发业者的经典“道具”，如果在某个批发市场看到他们，一定不觉得奇怪。然而，随着电商的发展，他们出现的机会越来越少，甚至有人认为：在电商模式下，“淘货”将成为回忆。

近年来，批发行业整体处于萎缩状态，当传统批发业者还没意识到应当通过产业升级改变现状，电商就已经瞄准了这块“肥肉”，将批发业整体“搬到”网上，在最短时间里建起一座“超级商城”，几乎能满足大家的全部需求。

有人采访过杭州某服装批发市场的一位经营业主，他算了一笔账：普通店铺每个月租金在 1.5 万元到 2 万元左右，水电、人员工资另算，光是这些成本，每天就摊到将近 1000 元。行业情况好的时候，旺季销量能每天过万，而现在只有三四千元，淡季就更别提了……

也就是说，如今很多批发业者面临高成本、低收益的情况，一方面前来采购的客户渐渐少了，另一方面各项成本不断增加。不少人表示，如果再这样下去，他们只好放弃原先的职业。

在“淘货”成为回忆的同时，一些房东也暗自叹气：批发业主走了，留下空空荡荡的房间……实际上，其中一部分人并没有放弃这份生意，而是通过 B2B 网站进行网上批发交易，既没有租金，也节约了“淘货”时间，两者相较之下，利润增加了不少。

孙先生常年从事服装批发生意，起初，他在某服装批发市场租了个摊位，随着财富的积累，店铺规模也不断扩大。那时候的国内实体批发行业很红火，大多数贸易者一直从事传统批发行业，孙先生第一次听说“阿里巴巴”是在 2002 年，不过他当时完全没有重视。后来，不断有人说起这个网站，孙先生决定去看看。

这一看不要紧，居然让他萌发了在互联网上做生意的念头。他先注册了会员，然后熟悉各项操作，并下载了阿里软件，令他意想不到的是，半个月后，他便做成了第一单生意。这让孙先生对电子商务刮目相看，从这以后，他抽出一部分时间用于“网店”的管理，时间久了，他越发看出传统批发业的局限性。在网上，孙先生能遇到来自全国各地的客户，加之他做生意一向诚信，挑选服装的眼光又好，所以很快在互联网上树立起“口碑”。随着网上生意越来越好，孙先生开始把重心转移到网上，还总结了不少经验：

发布商品的同时，要将关键词找出来，意在吸引客户的注意，同时将商品的详细资料写清楚，以便对方查看。

尽量选择实拍图放在网上，但一定要注意拍摄技巧，光线、背景等要符合大众的习惯，越有立体感的图片越能给人真实感。

最好分段发布商品，想要令商品信息靠前，就必须进行多次发布。孙先生因为考虑到一些外贸客户的需求，所以会在晚上 10 点左右再发送一次新商品。

经常使用阿里软件，保持在线状态，别人才会来找你。当然，孙先生经常主动出击，去寻找客户。此外，空闲时间里，他还会去论坛上“逛逛”。

这些都是孙先生长期使用阿里巴巴进行批发贸易的经验，随着掌握的操作要诀越来越多，他的生意也越来越红火。

对于那些“转战”阿里巴巴的批发业者来说，孙先生的经历只是他们的缩影。作为国内 B2B 市场中最大的平台，阿里巴巴正把批发业带入一个全新的领域，顾客不再需要“淘货”，就能找到心仪的商品；批发业者不需要租用价格高昂的店铺，就能在茫茫商海中找到客户。对买卖双方都有好处，所以才会备受青睐。

打开“阿里巴巴”网站的界面，就会发现该网站具备多种功能，商品覆盖率也非常高，还提供了多种贸易形式。例如，“加盟代理”“淘工厂”“拼单”等，满足了不同客户的需求。

然而，对于传统批发业者来说，想加盟某个品牌，必须一家家地跑，一点点地查资料；想找适合的工厂，可能短时间里没有任何头绪；想和别人“拼单”，可能迟迟没有机会……耽误的不仅是时间，还有商机，但阿里巴巴能解决这些问题，这就是商户选择它的原因。

不少传统批发业者表示，电商无法提供“看样”服务，要知道，客户来“淘货”的关键目的是为了看样品。

实际上，阿里巴巴早就想到了，并专门开始了“免费拿样”专栏，极大地方便了买卖双方。在“样品中心”，可以根据类别找到需要的东西，既快速又准确，节约了客户的时间，大家可以根据自己的需求，采取不同方式拿样。

对于无时间在网上进行搜索的人来说，阿里巴巴同样能“让卖家找上门”，客户可以通过发布询价单，吸引有竞争力的商户前来，保证任何人都能在阿里巴巴上找到适合自己的操作方式。也就是说，阿里巴巴能做到传统批发业无法做到的事情，并且更加便捷。

与其说阿里巴巴是一个“批发商场”，不如说它是个咨询平台，在这里，买卖双方都能找到适合自己的商品。对于做生意的人来说，咨询是非常重要的，传统批发业者哪怕天天去跑市场，也不能“遍知天下事”，但互联网却能做到这一点。正因为阿里巴巴能帮助客户把握商机，所以才会受到欢迎。

这是一个电商当道的时代，并不是因为有了它，才压垮了传统批发业，而是因为后者在经营过程中存在很多不足，阿里巴巴弥补了这些不足，所以阿里巴巴就会受到客户的追捧。对于传统批发业者来说，消失的不仅仅是“淘货”这种现象，还有他们曾经在生意场上的勇气和智慧。想要重振传统批发业，就必须认真思考所存在的问题，这才是改变现状的关键。

传统零售业到底输在哪里，这是一个值得思考的问题。

辨证 2：不可忽视的网络社交圈

朋友多了路好走，以商会友，共度商业沉浮。

在阿里巴巴的网站上，有一个特殊的“圈子”——以商会友，在这里，商户能结识来自四面八方的朋友，这不禁给传统批发业者“当头一棒”。这样一来，大家会把更多注意力放在互联网平台上，毕竟通过传统贸易方式无法认识这么多来自五湖四海的朋友呢。

人际关系对于生意人的重要性是人尽皆知的，借助互联网，商家能够在最短时间里认识尽可能多的人，甚至有些人将“生意经”“发家史”写在论坛上，一篇篇文字背后，隐藏了他们的辛酸苦辣，从这些文字里，能够了解对方的性格和处世风格，进而才会有切磋，交流是增加经验的重要办法。说到这里，所有人都会发现：“阿里巴巴”远不止交易平台这么简单。

很多传统批发业者只看到自己的利润在不断缩水，却没有意识到，其他商家已经通过“阿里巴巴”建立起“网络友谊”，结识的朋友越多，得到的信息就越多。所以，在以商会友方面，阿里巴巴算是走在前列的。

万先生经营着一家小型食品加工厂，之前，他总是将产品卖给批发商，再由他们卖给零售商，层层环节下，大家的利润都被“剥削”得所剩无几。加之近两年行业环境不好，万先生更是发觉生意难做，鉴于这种情况，他决定在互联网中找“出路”。

万先生在阿里巴巴上注册了会员，然后开设了店铺，并注明是“厂家直销”，一时间，不少客户找上门，他们对万先生的产品很有兴趣。

令他没想到的是，当季货物全部在线上销售一空，当昔日经常合作的批发商打来电话要货时，他只得说“没货了”。鉴于这种情况，万先生在第二年加大生产力度，不料，麻烦也随之而来了。

尽管这个平台为商家创造了不少机会，但万先生显然没有被“幸运”笼罩。在线上销量不佳的情况下，他只好主动给批发商打电话，谁知对方也转向其他客户。最终，万先生以极其低廉的价格处理掉厂里的存货，这一年，他几乎要赔本。

情绪低落的他，随意在“以商会友”的论坛里逛了起来，看到一位商家的经历和自己差不多，但对方最终成功“脱离困境”。于是，万先生主动加了对方为“好友”，两人很快成为朋友。

之后，他非常重视在阿里巴巴上交朋友，也常去借鉴别人的经验。用万先生的话说：“虽然不能告诉我该如何做生意，但至少会给我带来很多启发。”

其实，与万先生有类似经验的人很多，他们都通过网络联系方式，找到了能够与之交流的人，不仅增加了彼此之间的信任感，也能实实在在地了解其他人做生意的方式。阿里巴巴相当于给了商家一个互相认识的平台，并且几乎是免费的。

由于开店成本低廉，所以阿里巴巴网站上经常会出现没有任何开店经验的卖家。平日里，想要了解开店程序，并且懂得一些技巧，必须花钱去外面上课。而在这里，商家只要将问题发布到网页上，就会有人前来作答。网站也会定期推出“培训教程”，帮助缺少经验的商家快速进入状态，这正是他们所需要的。

常年利用阿里巴巴进行交易的人，凭借越来越大的“商友圈”，得到了珍贵的机会。有人说：“最明显的是，我通过这个‘圈子’，找到了赚钱的机会，无法直接看到的是，我不断成长。”

想要加入圈子，有很多方式，例如，与打过交道的商家成立圈子、受邀加入某个“圈子”等，人多的地方，生意才能做得好，多与其他商户交流，才能知道自己的优势与薄弱环节。

虽然传统批发业者也能互相结交为朋友，但是长期面对面的结果，是令他们无法做到很直接地讨论某件事，这些都是在电商平台上不必考虑的问题。当然，如果“商友”之间的沟通非常融洽，也有可能成为现实中的朋友。

如今的情况是，互联网平台上的商友们，一边讨论着生意经，一边寻找着商机。还在从事传统批发行业的人，盼望通过降低价格、兼营零售等方式，处理完手中的商品，两者相较之下，又会有更多人选择后者。

在互联网不断发展的今天，并不是说传统行业已经毫无希望，只要能保持清醒，在逆境中寻找希望，就有可能等到商机。因而必须主动出击，在该行业建立起完善的机制，才能有足够的力量与电商相抗衡。

作为一个传统零售业者，必须主动出击，在逆境中寻找希望。

辨证3：没钱做生意，我借给你

阿里巴巴的金融服务，为你排解没钱的困扰。

与传统贸易不同，商家在电子平台上交易，必须依靠网络支付手段才能实现交易的全过程，一旦对这个环节把握不够，很可能造成资金存在风险的情况。

阿里巴巴之所以能成为国内最成功的电商之一，其中很重要的原因，就在于它能处理好这方面工作，完善的金融服务是电子批发业不断进步的坚实支柱，扫除了客户的后顾之忧，平台才得以顺畅运营。

传统贸易者说，他们采取当面结清的方式，这是最安全的。他们常用的结算方式有现金、汇款、支票、转账等，除了现金外，其他都是以银行做“担保”的，所以令人放心。

然而，电子支付平台同样具备安全性，企业信用卡、电子支票、电子转账、信用认证等方式，拥有银行、网站双重“担保”，这一回合，传统批发业不占任何优势。

如果你觉得只有阿里巴巴有这些策略，就大错特错了！因为你忽视了其他力量，当传统批发业者还在纠结于网络支付安全性的时候，阿里巴巴已经把目光放在了更重要的方向：互联网金融产品！

这类产品令很多业内人士眼前一亮，并且它正快速地改变着批发业格局。众所皆知，从事批发行业需要大量资金，这款产品正可解决商户的燃眉之急。当然，阿里巴巴所推出的金融服务，并不是单纯为批发业者服务，只要有需要，都可以申请，由此看来，它实在是“跨界典范”。

张小姐上大学期间就开了一家淘宝店，主营女孩子喜欢的饰品。由于当时她将此看成一份兼职，所以很少去打听进货渠道等问题，直到毕业后，她才全心扑在小店上，父母支援了 10 万元，让张小姐一下子扩宽了进货渠道，生意还不错。

后面的两年，小店不断发展，一直做到了皇冠店。这个期间，张小姐主要从阿里巴巴平台上的批发商进货，所以认识了不少人，每次有新到的货物，大家总会通知她，张小姐虽有心想多进些物美价廉的商品，但苦于资金周转不开，这令她焦急不已。

此时，有人向她推荐了“阿里小贷”，由于她是会员，并且小店的好评率高，所以能享受不少增值服务，用张小姐的话说：“实在有些惊喜。”

她马上将资料递交上去，没几天工夫，20 万元贷款就办下来了。虽然利息比银行高一些，但高利息的部分可以随贷随还，以日计算利息的方式，正适合像她这样的商户。

有了资金，张小姐马上就把看中的商品购买了下来，有了足够的储备，来小店的客人越来越多，成交量也不断上升。

一段时间后，尝到了甜头的张小姐决定再贷一些钱，她还想开一间服装店，因为她早已“侦察”过了，阿里巴巴网站上有不少服装批发商，甚至还有很多服装厂，它们都能提供可靠的货源……

从张小姐的案例看来，阿里小贷非常适合这一类经营者，全国有成千上万的小微企业在阿里巴巴的平台上做生意，很多人都有融资的需求。多年掌握支付宝用户信息的阿里巴巴，没有放跑这个机会，在充分了解用户信息的基础上，创建了这个独具特色的金融产品。

由于面对的大多是网络商户，并且规模偏小，所以阿里巴巴在条件设置上，并没有添加太多门槛，令商户觉得合理、便捷。在传统批发业者看来，阿里小贷与其他公司推出的微贷并没有太大区别，然而，该公司在金融服务的运作上却有自己的想法。

阿里巴巴将贷款商户分别列到“B2C”“B2B”的范围中，前者单指淘宝或是天猫店主，后者是指在阿里巴巴平台上运作的商家，根据两者的不同情况，分别给予“淘宝小贷”和“阿里小贷”，考虑到淘宝和天猫店主在B2C市场中不存在很大需求，所以贷款条件和金额相对较小，就没有设立门槛，资料审核通过后就可以放贷。而针对B2B市场中的商户，阿里巴巴推出了循环贷和固定贷相结合的方式，既减轻了商户的负担，也让他们有一定资金保障。

阿里巴巴之所以分别设计出两种不同类型的贷款方式，目的是为了满足不同客户的需求，尤其是B2B市场中的商户属于企业间的“较量”，没有资金是不行的。

当阿里巴巴出现在大众眼前的时候，就有人提出质疑：马云究竟要将批发业带往何方？直到今天，这个答案才慢慢浮出水面：他要帮助批发业者做成“企业”，而让它们有竞争力的前提，是准备好充足的资金，到目前为止，阿里巴巴做到了。电子商户们安心的同时，传统批发业者更加不安，因为他们在缺钱的时候，很难从银行贷到款。

由此可见，“快速”是互联网经济的代名词，在这个时代里，谁有超前意识，谁就能抢占制高点。很显然，目前的传统批发业已经稍显落后，虽然行业情况不乐观，但不代表已经没有出路，并且已经有人开始尝试，力争找到可行模式。只不过，他们要加油了，否则很难赶超电商的速度。

互联网时代，永远要“快人一步”。

二 沉着应对：魔高一尺，道高一丈

施治之方1：打破陈规——“创新”是制胜的不二法门

创新，不仅针对外部的电商包围，更是对陈旧思想主动突破。

任何领域中，缺少了“创新”意识都无法跟上时代主流，尤其在互联网经济飞速发展的今天，想要重振传统批发业，就必须创立新的营销模式，改变以往的经营方式，用全新的理念看待批发业，有些人称此为“救命草”，虽没有这么夸张，却也有它的道理。

之前，传统批发业者们总是等着客户前来，或是只给较为固定的“老客户”打电话，这种做法有一定局限性，也是他们无法扩大规模的原因。如果只想开个“小店”，可能永远无法创建品牌，在市场中生存的危险性也越大，当行业环境不好，就有可能遭遇“灭顶之灾”。所以，把“小店”做成“企业”是最好的办法，只有这样，传统行业才会迎来生机。当然，最关键的是，批发业者们要有创新意识。

所谓“创新”，是要创造新的“生意经”，不仅要稳住老客户，还得不断发展新客户。“等着别人来找你”的时代已经过去了，商家必须树立自己的品牌，谁的口碑好，谁就能在市场中立足。

李先生常年从事批发，做了十几年生意，他积累了不少的财富。然而，近几年的情况似乎比之前差了些，有人和他说起过“阿里巴巴”，于是李先生仔细研究了一下。同样在网上做成过生意，不过，与其他商家不同的是，他找到了阿里巴巴能成为“国内第一大电商”的原因：创新！

李先生觉得，既然要做，就得做大做强，不能仅仅满足于开小店。于是，他制订了一系列方案，包括资金、客户管理、门店运营、配送流程等，意在把握老顾客的同时，不断发掘新客户。方案一定，李先生就带着伙计照做，正当大家都不相信会有成效的时候，他已经谈下了一笔大订单。

这笔订单是给某酒店运送水产品，据酒店负责人说，之前每次订货都要派人盯着，因为生怕出问题，而且批发商价格忽高忽低，很没有规律，似乎有点“漫天要价”的感觉，加之不带配送，酒店必须自己带车去，这些都增加了他们的成本。

而李先生开出的条件很诱人：只需一个电话，就能按时将货物送到酒店，由他们当面签收，非常安全便捷。

几次来往后，该酒店便指定李先生为他们送货。逐渐在行业内建立起口碑的李先生，不断接触其他新客户，他们都对李先生所在水产店的运营制度表示赞赏，纷纷与他签订了购销合同。

同行都很羡慕李先生，认为在行业环境遇冷的情况下，他还能保持营业额的增长，着实不容易。在李先生看来，这一切都得益于对“创新”一词的理解，汲取电子批发市场的优点，并找到适合自己的发展之路，通过有效“改变”，让生意更加红火。

国内批发业的增速之所以放缓，主要是因为常年固守陈旧的模式，一旦失去固定客户、遭遇房东提价，利润马上就下降了，甚至变成亏本买卖。总的来说，传统批发业者需要改变经营理念，同时对企业进行调整。

试想，如果将批发业做得像服务业一样，情况是否会好很多？届时，传统批发业者能够主动联系各个商户，例如，代理、配送、连锁、超市、大卖场、精品店等。销售渠道一旦被拓宽，资金就会从四面八方涌来。

用“小店”经营批发业，局限性特别大，而以企业的面貌出现，则会让买家增加信任感，想要实现这个目标，就必须整合好周围的资源。当传统批发业与新型企业形态相结合的时候，前者才能保持活力，不断焕发生机。

从李先生的案例看来，他之所以受到客户的青睐，不仅在于提供了物美价廉的商品，还解除了客户的一切后顾之忧。只要对方一个电话，水产品就能按时送到酒店里，这在很多传统批发业者看来是难以想象的。

在人们根深蒂固的想法中，批发业就是等着客户上门，只把东西卖出去，其他事情全部由客户自己完成。随着电商的发展，客户越来越反感这样了，因为他们找到了更好的进货渠道。

所以，想要在竞争激烈的市场中占有一席之地，就必须对原先的想法进行调整，把批发业做到令客户满意，不仅要主动寻找客户，还得让他们体验“优质服务”，传统批发业者为客户节约时间，就是为自己增加财富。

对于传统批发业者来说，既要勇于创新，又要敢于推销自己。

施治之方 2：树立品牌——取得消费者信任是关键

只有建立自己的品牌，才能让批发者与顾客之间形成向心力。

与国外的批发市场相比，国内批发市场所显现的弊端较多，似乎任何行业都可以做成批发，但它们却都不成熟。在欧美和其他亚洲国家，批发只出现在某些特定行业，例如，农副产品、水产品、鲜活产品等，并且都是非常规范的市场。而在中国，人们常把批发和集贸市场联系到一起，似乎任何行业都可以做批发。

由此看来，给批发业一个准确的定位是当务之急。什么产品应当流向何方，商家应当有正确的认识，例如，工业品主要流向代理商，小商品和日用品流向超市或便利店，等等。

虽然电子批发呈现流行趋势，但还有部分行业无法完全实现网上操作，这就给传统批发业者带来了商机。所以，必须改变当下的状况，把实行规范交易当成自我完善的重要准则。

目前的批发市场中常存在类似情况：批发业者很少主动出击，客户前来选购的时候，一定会找性价比更高的商品，而市场中的商品参差不齐，令客户非常苦恼，这时候，他们便会在互联网上进行交易。如果这个现象得到改变，传统批发业就能持续下去。

老赵是一个农副产品批发业主，他第一次听到“阿里巴巴”的时候，心里就泛起嘀咕：难道必须放弃现有的批发业模式吗？于是，他开始收集这方面资料，发现目前的网络交易中，农副产品还停留在看样选货、当面交易的阶段，所以这一行还有不少发展空间。

老赵认为，目前的规模远远不够，必须重新定位自己，把现有的资本用活，才能保证有足够的周转资金，投入得少，回报自然也少，正因为相信了这个道理，他决定把现有的规模扩大一倍，不仅增加商品种类，还提升了配送能力，有人觉得他这是在冒险，可老赵并不这么认为。

这时候，一个好消息传来，当地建起了“农副产品批发市场”，老赵马上申请加入，他在周围走了一圈，发现自己的规模是最大的，这让老赵宽心了不少。

凭借准确的市场定位和优良的资本运作，老赵的生意是这个市场中最红火的，摆脱了“小打小闹”的状态，老赵逐渐把“店”做成了“企业”。

国内的传统批发行业，呈现数量多、规模小的状态，导致力量无法集中到一起，过于涣散的结果，就是让电子批发业抢走了商机。所以需要在原有规模的基础上，扩大经营规模，用规模效应来增加利润。

说到这里，很多商家将追加投资看成扩大规模的唯一途径，在没有过多资本积累的情况下，只能通过贷款解决这个问题，而贷款又往往要面临复杂的手续……实际上，传统批发业者还可以通过资本重组的方式，逐渐形成大型经销商、代理商，建立大型配送中心等。这样一来，批发行业内部就有了明确的分工，交易过程也更加灵活，随着经验的积累，就能形成批发、物流为一体的大型综合服务商。

之所以说国内批发业是“小打小闹”，主要原因在于他们不擅长资本运作，赚了钱不知道投放在何处，也没有意识到需要筹集资金来提升硬件设施和服务质量。

想要让自己有竞争力，学会资本运作是非常重要的，这是传统批发业者们提高抗风险能力的重要途径，对形成自主品牌非常有帮助。

值得注意的是，批发业扩大规模，不仅是一个量化的过程，还要兼顾提升经营档次，如果客户说你销售假冒伪劣和低质量货物，想要发展壮大就很难了。

从长远的利益看，只有当批发业者坚决抵制假货、次货，为零售商、消费者提供真材实料的商品，时间久了，才能走向高品质、高档次的行列，否则永远无法完成产业升级。

此外，中国批发业者并不注重“品牌战略”，除了一些叫得上名字的批发市场，其他大多数都没有严格的管理制度，这应当引起大家的关注。很多外国品牌之所以能迅速在国内市场站住脚，与其所倡导的“品牌战略”有密切关系。在这方面，中国批发业者不妨多从国外借鉴经验，尽早树立有号召力的品牌。

批发业在人们的生产生活过程中占有很重要的位置，所以必须重视其商品质量、品牌价值和市场定位，“小打小闹”只会让利润“昙花一现”。正因为如此，传统批发业者才需要进行资源整合，尤其是将资金投入到更重要的环节上，扩大批发规模，同时建立起自主品牌，只有这样，才能积蓄与电商相抗衡的力量。

无论你的摊子有多么小，都要想办法建立自己独一无二的品牌。

施治之方3：眼观六路——积极发掘自己的新功能

传统批发业的新商机不一定都在网上，也许就隐藏在行业内部。

在研究阿里巴巴的运营模式时，不难发现它已经将注意力放在与批发有关联的事情上，例如，创建和发展“商友圈”、提供金融服务等，这些看似与“批发”的关联不大，却会在不经意间对这个行业产生巨大影响，这就给从事传统批发业的商户以启发：为什么不能将其功能延伸呢？

了解批发行业的人都知道，它有两项主要功能：价格发现和信息传播。电商之所以能迅猛发展，主要因为它在价格传播方面存在很大优势，又能以最快速度进行信息交换。既然如此，传统批发业为什么不与电子商务相结合呢？这样做有两点好处：第一，利用信息技术提升市场运行质量；第二，扩大辐射规模，尤其对于管理制度落后、产业规模较小的商家来说，同时接触传统批发业和电子批发是有很大好处的。

想要增强实力，与电商抗衡，不妨利用电商所提供的便利条件，一边在网上拓展业务，一边将积累的经验运用到实体店中，两者可以相互促进。除此之外，互联网和现实交易过程中，所拥有的资源可以互换，这也是功能延伸后，商家从中得到的另一大“福利”。

P农产品市场位于某省南部，已经存在了十几个年头，但规模却很难发展起来。近年来，随着电商的发展，它的利润更是减小了不少，面对这种情况，很多企业不得不开始在网上进行交易。

在注册会员前，他们先了解了电子批发行情，再把商品发布到网上，有些企业产品价格偏低，加上服务热情，很快就有人前来咨询，虽然网络订单并不多，但也给了他们很大信心。

本着要把网店开好的想法，他们不断学习技巧，在操作日益熟练的同时，管理经验也不断提高，又将这些运用于企业管理上，大家都觉得思路清晰了不少。

某次，一家公司接到订单——需要500吨玉米。结果寻访了所有农户，能收到的玉米加起来还不到300吨，尽管该公司出价不菲，但没有“余粮”的农户们只得无奈摇头……得知玉米好卖，第二年，大家纷纷种起了玉米，没想到，这一年玉米却滞销了……

经过这两件事，P农产品批发市场决定组织农户种植，因为他们比农户更了解行情，市场嗅觉也更加敏感，鉴于此，这些公司纷纷制订计划，指导农户进行科学种植，甚至帮助他们请来农业技术专家，提供改进种植和耕作的技术。这样一来，每亩地的产量比之前高出了不少，产出的农产品质量也非常好，让其广受欢迎。

除了利用互联网寻找商机，P农产品市场还采取产、供、销一体化经营，对于批发商、农户、客户来说都有好处，一方面稳定了销售渠道，一方面保护了农民的利益，这是让产、供、销保持通畅的关键，降低了所有人在所有环节上的成本。

可见，当传统批发业不断进行自我发掘的时候，会发现很多未开发的要素，如果它们得到重视，批发行业的成本就有可能降低，同时提升产品质量。久而久之，批发市场就不再是单纯的商品集散与交易中心，它有了更多的功能。

阿里巴巴之所以能够受到广大商户的青睐，主要原因在于它所提供的平台具有很强的服务性，如果传统批发市场也能做到这样，便具有了与电商抗衡的基础。

不论什么行业，批发商都是检验产品质量、安全性的第一道关卡。因此，建立完善的检验体系十分必要，尤其是食品类，批发商在这个环节做得越好，越能受到客户的青睐。

传统批发业想要得到发展，就必须建立优质的产业带，一边集中工厂、农户进行生产，一边寻找销售渠道，当两头都趋于稳定，此条产业带才算得上“优质”。

虽然这些策略足以让传统批发业与电商抗衡，但是在未来很长一段时间内，国内批发市场还只能起到“集散商品”的作用，原因在于它们的基础较为涣散。不过，随着调整成效的显现，批发市场的功能在不断创新和完善，最终将形成科学统一的格局。

那么，传统批发市场应当做好哪些呢？

首先，要转变态度和理念，改变只关注交易量和交易额的习惯，看看自己能否为供货商、消费者提供更多服务，这是提升批发业服务质量的基础。

从另一个角度说，批发商应当是信息传播者，既要让供应商知道消费者需要什么，又要让消费者知道供应商生产了什么，就能改变两者信息不对称的情况，最终获利者是供应链上的所有人。

其次，大力发展产、供、销一体化经营，逐步建立更广阔的平台，这对于农产品批发商来说尤为重要。可以选择直接经营产品基地，也可以与农民联合兴办农产品基地，目的都是为了收集优质的商品。

与此同时，批发市场也要为零售商考虑，为其提供统一标准的农产品，对于有实力的批发商来说，也可以开设自己的连锁超市等。

作为市场中最重要的环节之一，批发商肩负着联系供应商和零售商的重任，所以，能够做到为两头负责的批发商，才有发展前景。

做一个负责任的批发商，不仅能收获信誉，更能收获利润。

第四章 ╱ 电商蚕食，制造业进入“私人定制”时代

——传统制造业如何打破自我封闭

一直以来，传统制造业给人们留下的印象都是夜郎自大、固步自封的，其“封闭”的程度，甚至令人咋舌。因而，该行业的弊端也是显而易见的——既无法提升技术和管理水平，也无法找到全新的销售渠道。那么，在面对互联网行业的冲击时，传统制造业会成为输家吗？

 一 残酷的现实：传统行业折戟沉沙

辨证 1：制造业的新销售平台——互联网

在互联网行业的冲击下，传统制造业也不可避免地必须做出改变。

众所周知，中国是制造业大国，随着生产商数量的大幅增加，制造业也成了微利行业。然而，当传统制造业需要面对重重困难的时候，电商平台却吸引了很多制造商前来，原因很简单：这里有令人振奋的新销售渠道。

据中国互联网信息中心公布，截至 2013 年年底，全国网民数量突破 6 亿

人，手机网民也达到4亿多人，不得不惊叹这个群体的庞大。

这些网民中，大多数人文化程度高，个人收入也很可观，具有较强的购买力，所以他们是B2C市场中的潜在客户。加之其中不少人从事管理或是技术工作，手上握有一定购买力，因而也可以将其划分为B2B市场中的潜在客户。

与传统制造业相比，电商更注重客户的个性，只要将所需产品的外观、性能表达出来，就会有企业为其打造满意的产品，这种类似于“定制”的服务，是电商具备的独特优势，其他制造业很难模仿。

此外，互联网也为网民了解企业提供了便利，帮助他们选择更放心的商家，从这个角度说，想让网民不信服互联网都不行。

对于企业来说，互联网所带来的帮助也非常大，能够为它们提升效益带来契机。正因为电子商务具有传输速度快的特点，所以能及时传回订单数据，企业就能根据订单情况，及时更新生产计划，避免出现盲目生产，缩减库存量，降低库存成本。

还有，互联网让制造业主直接与消费者联系，避开了销售过程中的很多环节，减少利润被瓜分的可能，同时为企业节约了“销售费用”，所以互联网受到企业的青睐。

如何支付货款，是买卖双方都很关注的事情，电商所提供的电子支付平台，几秒钟内就能完成支付，并且要通过“网关”“银行”的认可，还要加上“签名”等手段，可谓既安全又快捷，从财务的角度看，也节约了结算成本。

置身于互联网平台上的制造业，能够在把握潜在客户的同时，规划好生产工作，并有效控制成本，难怪很多企业都选择电子商务。

2008年，众多粤商凭借“广货北上”，成功躲避了金融危机的侵袭，虽然这项举措很成功，但在传统行业渐渐衰落的情况下，还是给当地企业带来不少压力。后来，众多商家纷纷加入电商行列，让“广货北上”又多了一层新含义，企业的经济收益也提高了不少。

从“广货北上”到“广货网上行”，粤商们领略了互联网所带来的全新交易方式。对于消费者来说，在网上秒杀广货，成为一种生活时尚，消费者足不出户就能挑选心仪的商品。

每年的“广货网上行”，都会吸引成千上万家网上商城、网店、企业参加，商品种类也涵盖了生活、工作的方方面面。商家说：“有了互联网保驾护航，不怕商品卖不出去。”虽然是网上销售，但声势依然很浩大，优质的商品加上有效的宣传，令“驻足”的消费者比预计的还要多，面对这样的情况，“广货网上行”经常会延长活动时间。

这个过程中，不少广东本土电商和企业崭露头角。例如，“唯品会”就是在这样的环境下发展起来的，它俨然成为广东省电商平台的“标志”。此外，互联网加速了消费者对广东本土品牌的认识和了解，类似于“太力家庭用品”“华帝”等，也是在这项活动中渐渐被大众青睐的。

这是传统制造业在电商模式下运营的典型案例，当企业将产品放到网上销售，等于说它们开通了一条新销售渠道，并且有稳定的客源，对于商家来说，这真可算作是令人振奋的消息。

以往，制造商要想把产品卖出去，必须通过中间商，而现在，他们可以建立网上销售平台，甚至会将生产线展示在顾客面前。从消费者的角度说，每当看到“厂家直销”等字样，消费者多半会很高兴，因为这意味着能得到更多实惠。

由此可见，电商为企业和客户提供了互惠互利的平台，在这个空间里，企业让更多人了解自己的品牌，为产品“走出去”做准备。如果仅用传统方式，想要让全国各地的客户了解企业，可能要花费很多资金。例如，参加各地的展销会、去全国各地打广告、在每个城市建立办事处、定期派遣业务员去外地出差……而在互联网平台上，这些费用都可以大大缩减，成本降下来了，企业就能给出折扣价，让利于客户的同时，也赢得了人心。

对于这种方式，企业举双手表示赞成和欢迎，因为能够让它们发现更多潜在客户，加之不断完善的电商平台，又能将品牌更完美地呈现在大众眼前，所以称之为“令人振奋的新销售渠道”。

当企业纷纷在互联网上寻找机遇的时候，传统制造业的路又在哪里？

辨证 2：依托电商，传统企业会变得更好吗？

电商的加入，会使传统企业在不自觉的情况下改变结构和信息传递方式。

虽然国内电子商务正如火如荼地进行，但在传统制造业者看来，很难想象当互联网与制造业联系到一起的时候，企业会变成什么样子。

电商模式下，企业信息量不断增加，更新速度也在加快，这就要求企业在最短时间内做出决策。由于受到企业管理制度的限制，信息传递速度会因组织结构中层级较多而变得缓慢，更严重的是，层级越多，信息失真的可能性就越大，这样会对企业决策起到反作用。

在这种情况下，即便企业有心想进入电商平台，也可能无法达到预期效果。面对这样的情况，使用互联网的企业开始改变原有的经营方式，当企业的组织结构慢慢发生变化，逐渐趋于“扁平”，信息就能以快速、精准的方式传递。

随着互联网技术广泛运用于企业，原有的组织结构正在不断精简，弱化和舍弃了很多中间环节，这样一来，管理层的反应速度快了很多。

这个过程中，企业的管理信息系统不断完善，尤其是采购、财务、销售、人事等重点环节，加之大部分员工都能看到这些信息，管理者的决策能力也会因此大大提升。当管理幅度变得更宽，就为弱化中间层提供了保障；当基层员工也能共享大部分信息的时候，员工的自我约束力也会提升。

在电商模式下，中间层的作用被弱化了，随之而来的是高层和基层的壮大，前者的作用是决策，后者的作用是执行，可见，“中间层”在这里完全起不到作用。由此看出，互联网所带来的组织结构“扁平化”，极大地削减了经营成本。

而在传统制造业，中间层必须存在，因为它是传达上下级信息的“驿站”，两者相较下，就会发现电子商务所带来的改变。

F 公司是一家儿童玩具制造商，公司已经成立了十几年。起初，凭借科学的管理模式，F 公司的销售业绩蒸蒸日上，但随着互联网时代的到来，他们发现传统管理和营销模式会令企业长期处于高成本状态，利润少了，连决策也会陷入被动。

后来，他们接触了电商，将全新的管理软件引入企业，从管理层到员工，大家都觉得工作效率提升了不少。得到信息后，员工会马上输入系统中，管理层的决策也会通过邮件等方式传递给下属，这样一来，就节省下很多中间环节，既省时又节约成本。

公司规定，员工必须在一定时间内将信息传送到系统中，各部门还要定期对这些数据进行汇总，高层凭借这些信息马上做出决策。

一段时间下来，F 公司发现运营成本降低了不少，各部门人员的工作效率也有所提升，不仅高层对信息的反馈能力更强，普通员工的责任心也更强了。因为他们输入的数据会在平台上共享，管理者也能很快看到，一旦某个环节出问题，马上就能找到相对应的人员。

作为制造业，生产线是企业的命脉。自从接触了互联网，生产盲目性降低了不少，企业在安排生产计划的时候，能够准确把握市场动向。客户这段时间喜欢什么，他们就生产什么，F公司的仓库再也不会堆得满满的了。

可见，互联网给制造业带来的改变是翻天覆地的。在此之前，常出现淡季货卖不出去，旺季生产跟不上的情况，其主要原因在于订单信息不能快速传递到企业，等到企业有所反应、再调整生产计划的时候，市场又变了一番模样。

而在电商模式下，这个问题却得到了解决，当企业组织结构趋于“扁平化”，高层与基层之间的沟通更加顺畅，决策的指令效果也比之前要好。

对于企业来说，时间就是生命，谁赶在别人前面将产品生产出来，谁就能抢占市场先机。快速传递信息的能力，是电商最大的亮点，并且令传统行业无法复制。从该角度看，电商具备传统制造业所不存在的优势。

任何企业必须先建立科学的组织架构，生产和销售才能对接上。单看传统企业，一旦发展到一定规模，就会出现中间层，这是不可避免的；而在电商平台中，高层与基层的沟通更顺畅了，并且他们都能安排好自己的工作，中间层的存在就显得有些多余。除去中间层可能需要的成本，企业能更好地完成成本控制，对该供应链上的任何环节来说，都是一个好消息。

当制造业通过互联网平台形成更有效管理方式的时候，传统行业已经相对落后了，如果再不加紧赶上，它的命运堪忧。在互联网时代中，谁能抢占先机，谁就能成为赢家。接下来的较量里，是电商屡出奇招，还是传统行业更胜一筹？

由此可见，谁先优化制造业管理，将更先进的理念带入企业，谁就会抢占先机。

辨证 3：生产方式的“私人定制”时代

随着消费者个性化的需求越来越明显，批量化的生产方式已日渐式微。

除了不断拓宽的销售渠道和精简的组织结构，电商模式下，制造业的主流生产方式也在改变，它让“多品种、小批量”的生产模式走上“舞台”，形成“人人都是生产者”的局面。

随着科学技术的进步和人们对生活质量的追求，大众的消费观更倾向于个性化、多样化。大家对商品的包装、造型、品种等要求也提高了不少，使得同类产品需求总量减少，而对产品的规格要求提高了。

消费多样化的背后，是不同消费群体购买倾向的改变，市场被分为更多的细小板块，很少会出现同一种商品生产很多批的情况。

此外，消费者的喜好会随着时间的推移而发生巨大改变，这是受到潮流影响的，例如，消费者上个月还喜欢 A 产品，可能这个月就转为喜欢 B 产品了，这种现象都是非常常见的。

综上所述，制造业正走向“生产品种增多、生产批量减少”的趋势，若是企业还坚持单一化、大批量生产，利润必定会减少，这也是当前传统制造业所面临的问题。

而在电子商务环境下，企业可以运用管理软件，对日常工作进行科学有效的管理。管理软件中，存在若干个子系统，可以分别进行企业资源规划、监督供应链、信息系统管理、客户资料收集与维护等，只要能协调好它们，就能提高企业的运营效率。

通过互联网，企业能够快速捕捉市场信息；对电子通信手段的利用，又能让企业很快与客户取得联系，进而商讨合作事宜，大大缩短了签约时间；利用信息共享平台，所有人都能快速找到有用的信息……

电商模式的发展，更推动了生产方式向“多品种、小批量”发展，原因在于信息更新和传递速度加快，使得制造商能够尽快获得订单信息，便于尽早对生产进行调整。

李小姐在某公司担任采购主管，临近新年，她要采购一批台历和礼物，分别送给员工和客户。由于企业是由年轻团队组成的，主要客户群也是年轻人，所以老板特别交代：采购的物品要有个性。

按照惯例，李小姐先联系了之前经常合作的企业，对方都表示，如果只接这么小的订单，还要考虑产品的式样，实在没钱可赚，他们一般只接大订单，希望得到李小姐的理解……

正苦恼之际，楼下公司的人提醒她，为什么不去网上看看呢？现在有这么多企业都在电商平台上，什么样的工厂没有？

于是，李小姐打开“阿里巴巴”，很快就与几家企业取得了联系，她分别对每家的情况做了分析，又与同事讨论了一番，等到拿给老板看的时候，老板脱口而出：“今年的礼物有新意。”

就这样，李小姐选择了其中一家工厂，三周后，她就收到了所有货物，因为这件事，她还得到了老板的表扬……

现实中，当消费者发现自己的个性化需求只有电商能满足的时候，便不再选择传统制造业，因为“多品种、小批量”已经成为时尚。

随着生活水平的提高，人们不再担心是否吃得饱、穿得暖、用得上，而是更多地考虑是否吃得好、穿得漂亮、用得新潮，这些信息多半是从互联网上传开的，所以网民会以最快的速度知道现在的潮流是什么。而传统企业的反应速度较电商相比显得较为缓慢，所以容易与机遇擦肩而过。

传统制造业还面临另一个问题：回款速度慢，导致企业生产能力减弱，或是运营成本增加。而这个问题在电商模式下得到解决，客户需要的商品是“小批量、多品种”，所以回款的速度较快，这样一来，企业的资金就“活”了，有助于企业的再生产顺利进行。

由于“小批量、多品种”逐渐成为生产主流，所以推动了产品的更新换代，更新后的产品大多放在网上宣传，又给广大网民增添了新乐趣。要知道，传统行业想要制造和宣传新产品，得花费更多时间、精力、资金，相比之下，电商的优势就显而易见了。

还有，传统制造业在生产出产品后，会用自己的物流设备将产品运往全国各地，而处于电商平台上的企业，很多是通过物流公司来运送，缩短了运输周期，为企业赢得了时间。正因为每批次的产品数量少，所以物流商可以同时运送多家货物，这也提高了他们的成本利润率。随着电商的发展，很多人开始从事物流业，这又为电商发展壮大提供了保障，让电商有能力去瓜分传统制造业的市场。从这个角度看，电商是处于“良性循环”中，而传统行业却恰恰相反。

如今，传统制造业正面临转型，这是寻找出路的关键期。

当电商已经改变企业生产方式的时候，如果传统行业还是墨守成规，必将落后于时代的步伐。

二 沉着应对：魔高一尺，道高一丈

施治之方1：双管齐下——依托互联网进行自身升级改造

传统企业要发展，必然离不开互联网的帮助。

从目前的情况看，传统制造业不下决心“改革”，是无法达到升级效果的，只有利用突破性战略，才有可能恢复“战斗力”，做到与电商抗衡。

若是满足于原有的生产方式和销售渠道，企业就会变得被动，无法在市场竞争力中掌握主动权；不妨采取“两条腿走路”的方法，利用互联网的优势，对传统行业进行升级改造，增加其活力。

实行传统营销和电子商务双管齐下的战略，对改变传统制造业有重大意义。面对互联网日益高涨的势头，企业想要变得更强，就必须借鉴别人的经验。然而，想要运用好电商平台，企业必须循序渐进。

首先，应当建立企业网站，已有网站的企业要强化管理，关键是要将其打造成商务型网站。很多企业网站仅仅有“装饰”作用，页面上除了企业简介和产品宣传外，找不到更有用的信息。不妨多添加一些“链接”，当客户有需要的时候，能够马上对企业的生产能力进行评估。此外，建立交流系统也很有必要，让企业与客户保持顺畅的沟通是把握商机的关键。

其次，企业要分出一部分资金和精力，用于电子商务平台的搭建，可以多引进一些复合型人才。他们既了解互联网，又善于管理，并且懂得相关技术，如果遇到这类人才，一定将其重用；或是在企业中选择有潜力的员工，对他们进行培训，把他们当成储备人才。

Y公司是一家生产性企业，主营各种五金件，在高层管理者的带领下，公司规模一度发展得很大。近年来，随着互联网经济走上“舞台”，传统制造业市场明显缩小，面对公司营业额不断下滑的情况，Y公司决定对管理模式进行调整。

它调整的方向很明确：将互联网技术运用到企业运营中，同时保持原有的优势。几年前，Y公司就建立了企业网站，只是一直没有打理，网站上的信息也是很久之前的了。管理层决定，要完善网站功能，并开通网上交流平台，由销售部的几名员工组成客服组，如果有客户咨询，他们就马上给出回答。但这明显无法称得上是“电子商务”，该公司决定聘请有专业技术的人才，从事网站运营和维护工作，真正做到“两条腿走路”。

经过好长一段时间的筛选，Y公司终于招来了两名互联网方面的人才，暂时可以满足需要。后来，公司又挑选了几名计算机专业出身的员工，让他们两人带领大家一同搞好互联网管理工作。Y公司凭借电商的帮助，首次逆转了亏损的局面，销售额和利润率都提高了不少……

可见，传统企业想要发展，就必须利用一切有效工具，包括互联网，这是激发传统行业潜力的有效途径。

企业网站的主要作用是增强企业与客户之间的沟通，除此之外，企业还应当加强内部管理，降低运营成本。传统的企业管理模式，无法实现全覆盖，高层的指令传达到基层的时候，不仅时间延迟了，意思也变味了。这就说明企业要建立和优化内部网，必须完善企业管理信息系统，这是利用好电商平台的前提。

在选择管理系统的时候，一定要根据企业的基本情况，不能过于盲目。例如，某企业的产品品种较多，那么，与产品单一的企业相比，在选择和设计管理系统的时候，出发点是不一样的。

管理系统除了要适应企业的情况，还得具有包容性，毕竟很多传统制造业在接触电子商务的时候，并没有放弃原先的管理、营销模式，若是该管理系统和原先的模式产生冲突，企业很容易陷入困境。

在电子商务建立初期，企业可能无法收获很明显的效果，这个现象是正常的，因为传统制造业与电子商务在刚刚“接触”的时候，需要有一个“磨合期”，若是因此而放弃，对于企业来说就太可惜了。

所以，传统企业的目光一定要放得长远些，既然选择了“两条腿走路”，就应当坚定想法，并且不断完善企业电子商务平台。

对于首次选择电子商务管理系统的企业来说，可以多咨询一些软件开发商，也可以对开发商的成功案例进行分析，看看是否真如对方所说的那样好。电子商务管理系统如果没有定位好，电子商务在该企业就不会有发展，同时，改变企业现状也就难以改观。

综上所述，传统企业想要通过电子商务提升竞争力，就必须有严谨的规划，既不能“随便”做个企业网站，也不能“随便”安装一个电子商务管理系统，而是要先了解企业存在的问题和想要达到的目标，再进行具体安排。电子商务是高科技，企业不仅要引进它，还得进行科学的操作，所以要特别重视相关人才的招募和培养，同时做到了这些，传统制造业才能有进步的空间。

电子商务平台如此重要，你的企业有吗？

施治之方 2：扁平化——组织结构的新模式

对于传统制造业来说，调整组织结构已是迫在眉睫的事。

目前，国内不少传统制造业还停留在初级阶段，不论生产工艺还是管理模式，都很落后。随着电子商务的发展，这些缺点变得尤为明显，若是再不对企业的组织结构进行调整，后果可想而知。

组织结构的确立，是一项复杂的工作，考验管理者的综合能力。对企业的认知度是否到位？能否通过合理运作将传统企业的优势凸显出来？对电子商务的看法是否准确？想解答这一系列问题，首先要了解现有的组织结构对企业的好处及危害。

当传统企业置身于电子商务环境，原先的观念、作风、习惯可能都要改变，当然，需要变化的还有业务流程、机构机制和职责等，目的都是为了企业能适应市场。改变应当从高层开始，再逐步渗透下去，一旦管理者缺乏主动性和积极性，企业是无法完成转变的。

前面说过，电子商务对推动企业组织结构走向“扁平化”起到很大作用，但这是分阶段逐步进行的，正因为组织结构关系到企业的根本，所以必须将此列为最重要的事情之一。

从原先的“金字塔”结构到“扁平化”结构，这不是一个小转变，而是一次巨大飞跃，因为要涉及企业的方方面面，所以必须做好前期准备工作，先进行调查和研究，再做好系统设计工作。

企业想要改变组织结构，必须以适应市场要求为前提，否则企业就会变得很脆弱，禁不起丝毫“风雨”。由于适应市场变化需要一段时间，所以变更组织结构也要采取渐进式。

这样做有两点好处：第一，通过循序渐进的方式，逐步调整企业的结构，会令每一次改动都在局部进行，很少波及其他部门，这样就不会伤及根本；如果方法是正确的，就可以顺利推广到其他部门；即便存在误区，伤害也特别小，只要对局部进行调整就可以了。

第二，每个企业都存在不同之处，在调整组织结构之前，大家肯定会参照其他公司的经验，甚至会出现“生搬硬套”的情况，这样就有可能产生失误；既然对企业的“改革”是逐步进行的，即便出现状况也能及时纠正，对企业造成的负面影响较小。

甲公司是一家服装生产企业，虽然一直保持不错的业绩，但随着互联网经济的发展，公司想要继续发展壮大似乎很难。面对这种情况，管理层果断提出“改革”的想法，不仅要拓宽销售渠道，还得对管理模式进行调整。

想要改变现有的工作方式，必须从管理层开始，由于员工受到管理人员的约束，所以得先改变管理层的观念，由老总带领，组织管理人员参加培训，让大家对电子商务有更清晰的认识，然后再在企业内部举办培训，由他们将这些理念传递给员工。

一段时间后，甲公司的大部分员工都完成了培训，这是进行组织结构调整的准备工作，接下来，企业就要引进全新的管理系统了。由于进行了很严格的挑选，所以员工表示该管理系统用起来很顺利，加之进行了为期三天的培训，在操作方面，大家都表示没问题。

对于实行“扁平化”管理，甲公司有自己的想法：有些部门可以弱化中间层，而另一些部门目前还无法做到。因此，只能先“试运行”，避免因过于心急而产生不良结果。

于是，这项工作首先在行政部、质检部、仓储部、生产部、设计部展开，而财务部还是按照原有模式进行。这是为什么呢？原来，该企业的管理层中，几乎没有人是做财务出身的，并且对这方面也“一知半解”，只好先撇开它。

在进行“扁平化”管理的部门，员工输入的信息很快会传送到高层管理者手中，而中层管理者要做的便是对已有数据进行分析，随后传送给高层。当高层做出决策的时候，大部分邮件都会抄送给基层员工，但需要中层管理者尽快做出详细计划，再给高层审阅后，马上发送给下属。

半年后，甲公司的销售业绩就有了明显提升，变化最大的是生产部和设计部，两者能够互相配合，高层管理者也能随时掌握最新生产情况。

以往，都是等到服装全部生产出来，即将打包入库的时候，才发现很多式样消费者已经不喜欢，现如今，设计部员工能够对即将投入生产的服装式样进行修改，以保证它们成为畅销品。加之高层强化了对质检部的管理，令产品能够按质、按时地到达客户手中。

进行“扁平化”管理后，客户普遍反映甲公司的服装不仅式样好看，质量也特别好，由于定价合理，所以销售情况特别好。

该公司之所以能够取得改变，主要是因为它用合理的办法，对组织结构进行了调整，不仅适应了市场需求，还提升了所有员工的素质。在未来的时间里，两者将起到相辅相成的作用，将该企业打造得更加完美。

此外，调整企业组织结构的时候，还要注意其适应性，若是在调整后既不能适应内部管理需要，也不能适应市场环境，此阶段行动就是失败的。

虽说调整企业组织结构是优化制造业管理模式的重要途径，但管理者不能因此盲目跟风。想要推动企业管理“扁平化”进程，先要知道企业有什么样的基础，这样的基础适合对应什么样的“扁平管理”。“扁平”程度过大还是过小，都会对企业造成负面影响，前者会令信息覆盖面不够广，导致管理者无法全面使用信息，而进行科学决策；后者会令中间层较宽，而提升企业运营成本。

调整组织结构的根本目的还是节约成本，提高利润。

施治之方3：市场为王——以动制动，积极适应市场

在互联网时代，必须学会以动制动，根据市场调整生产计划。

制造业在国民经济中占有很重要的位置，但由于管理方式常年保持不变，加之生产工艺很难得到提升，所以会在互联网经济不断蔓延的今天，制造业出现增速放缓的情况。

这时候，传统制造业需要对原先的管理模式进行改进，目的是为了适应市场，一旦将此定为目标，管理效果就会发生很大变化，同时企业会朝着更好的方向迈进。

如果用一个词来形容市场，那就是“变化万千”，我们甚至不知道下一秒市场会发生什么。面对这种情况，企业必须打造“柔性化”生产线，能够根据市场需要的变化，及时调整生产计划，否则就会错失商机，企业的各项成本也不断升高。

既然知道“小批量、多品种”是如今的主流生产方式，那么，传统企业同样要向这方面靠拢，如果生产系统能变得“灵活”，并适应产品品种不断变

化的需求，制造业就能保持平稳运行。所以，企业必须更新制造技术，同时采取柔性化设计，意在提升企业在市场中的应变能力。

此外，传统企业必须面对电商横跨不同领域的现实，改变之前的想法，借助高端科技，将互联网引入企业中，通过企业内部、外部网络，将产业带上的所有环节联系起来，目的是为了在最短时间内对市场需求做出反应，并迅速设计出令客户心仪的产品，再快速投入生产。

当然，越能牢牢把握客户的企业，越容易察觉他们的变化，当发现大众的倾向有所改变，就要及时对原有产品进行调整，以满足客户的需求，虽然不用每一次都进行“颠覆性”改变，但这也是延长产品寿命周期的重要方法。

还有，企业对某个产品的开发周期越长，成本就越高，加之如今的主流是“多品种、小批量”，那么，花在研发上的时间可能会更多。面对这种情况，企业更需要壮大研发团队，在此方面投入更多资金，以确保相关人员能适应工作量的增加。

Y 公司是一家从事床上用品生产及销售的企业，经过长期积累，已经在市场上占有一定份额。不过，如今的家居市场竞争很激烈，稍不留神就会让别人夺走了商机，面对这个情况，管理层决定对现有的生产、营销方式进行调整。

之前，Y 公司一直保持“先设计、再生产、后销售”的顺序，由图样设计部对床上用品的式样进行绘制，同时，工艺部门也会对产品的质地等进行考究，等这些都完成后，再投入到生产部门，最后进行销售。这样一来，等到产品上市的时候，消费者可能已经不喜欢这个图案了，加之门店经营范围有限，Y 公司渐渐失去了往常的优势。

如今，该企业建立了完善的管理系统，由相关人员将市场调研情况发布到平台上，不仅高层管理者能看到，基层员工对此也有清晰的认识。有了这些，市场情况就能很快传递到员工那里，加之管理层早已对这些情况进行了分析，所以有助于员工了解高层的决定，执行过程中的效率也比之前高了不少。

改变之前大批量生产的做法，Y 公司开始研究不同类型客户的需求，设计和开发了各式各样的床上用品，尤其针对年轻人，推出了独具个性化的产品，很受大众喜欢。

将管理系统引进企业后，不论高层还是普通员工，都会觉得信息透明了不少，原先想要了解市场信息，必须层层打听，到最后，谁也不想再费劲，只是做好老板交代的事情即可。时间久了，市场信息就很难传递到高层那里，加之高层的想法很难传递下去，等到产品下线，市场又变成另一番样子。

很多人以为是电商模式让当下的主流生产方式得以改变，其实，电商只是更能适应市场需求的变化，这正是传统企业所做不到的。所以，传统企业要借助网络，将已有的资源整合，既能随时掌握市场需求的变化，又能让员工了解这种“变化”背后的含义。

值得一提的是，很多企业会因资源无法共享而影响研发工作，这种情况要及时得到解决，最好是能推行“并行工程”。所谓“并行工程”，就是将产品的研发和生产过程结合起来，通过后者检验前者，中途如果发现需要改进的地方，研发人员要马上投入工作。用交叉进行的方式完成多项任务，既提高了效率，也节约了成本，产品早一天上市，企业就能抢占更多市场份额；本企业产品比其他产品更能吸引消费者，赚的钱就越多，同时对树立品牌也有好处。

只有生产出符合消费者口味的产品，才能使企业立于不败之地。

第五章 ╱ 大数据产生大时代，广告已实现精准投放
——传统广告业何去何从

传统广告业在大数据时代，已被精准投放搞得焦头烂额，如何让客户不再抱怨他们的钱打了水漂，又怎样才能留住好不容易才培养出的人才，重新占领市场份额？这一切都在考验着传统广告行业。互联网广告与传统广告的大战早已硝烟弥漫，只是“鹿死谁手”还未可知。

一 残酷的现实：传统行业折戟沉沙

辨证 1：好钢用在刀刃上

如今的时代已迈入一个全新的时代、一个数据为王的时代。

自 20 世纪 70 年代开始至今，互联网、智能手机、平板电脑等新生代技术产品的出现不仅改变了人们的日常生活、娱乐方式，也改变了本来约定俗成、近乎一成不变的广告行业。广告业的诸多行业做法，比如极度重视电视

广告且视之为最有效的宣传方式，正受到挑战乃至颠覆。

以前，一个人的一天可能这样度过：早上起来，边看着电视边吃完早餐，上班途中买份报纸，接着上地铁，下班之后会逛逛街，最后乘地铁回家，打开电视，享受下一天闲下来的时光。电视上、商业街建筑物外壁LED显示屏的视频广告，报纸上的、地铁站墙壁上的平面广告，传统广告业对这些驾轻就熟，他们知道怎么去研究这些，然后去游说各个企业，拿到它们的巨额企业广告宣传订单。但一切随着互联网的到来而改变。

广告业界一直流传着这么一句话：你知道广告投入的一半都被浪费了，可你不知道究竟是哪一半。传统广告业无法对自己广告的实际效果在投放前就做出有效的预测。这些年，他们可以做出一个方案进行广告投放，但在广告效用的预测和跟踪调查方面则一直显得“黔驴技穷”。企业无法知道自己花在宣传推广上的巨额费用到底有几成功效；而互联网则通过对大数据系统的数据采集、监测和分析，明明白白地告诉购买者宣传推广到底为产品或服务的销售做出了多大的推动。

碎片化带给企业的决策者更多的选择，而不再是传统广告业的“一言堂”。

A形象设计艺术学校是一家以化妆、形象设计和彩妆培训为主导的专业化妆学校，是全国化妆培训行业中的引领者。但在成立之初，由于名声较小和宣传不到位等问题，学校的生源很成问题，校长非常无助。就在焦急万分的时候，她无意间接触到了百度广告的推广人员，了解到了百度一类的互联网技术公司在广告方面的运作方式并决定采用，采用之后，借助精准定位和定点投放广告，使得该学校的学员数量大大增加。据统计，有32%的学员来自于“百度推广”。

人们每天花在自己的手机、平板电脑上的时间越来越多，而互联网则是人们每天在这些设备上接触最多的媒介。如果说2000年左右的人们还在流连于门户网站的信息全面，那么时至今日，互联网则把人们导向各个地方：社交、团购、搜索……作为一个消费者，你在互联网上的任何足迹，后台数据系统都会加以记录、分析和处理，最后整理出一份消费者行为报告，为企业的决策提供有力的现状分析和数据支持，接着会为企业制订出量身定做的推广方案，使之在目标人群迅速提高知名度，促使其购买，最后数据反馈系统会严格监测推广活动的实际效用。而关于上述所说的一切，传统广告业引以为傲地对消费者的了解和洞察在新的技术和行业面前显得茫然而无力。

W 公司是一家位于山东、立足于食用油生产和销售的明星企业，而花生油则是该公司的拳头产品，在全国范围内为消费者熟知和热销。由于该产品的重要性和受众广泛，W 公司做关于这项产品的运营战略和未来走向方面的决策非常慎重，遂求助于一家当地知名的互联网公司。互联网公司则发挥出了诸多独特的优势，对海量信息的快速处理能力，快速而有效地进行数据采集，提供可预测效用的解决方案。最终，针对 15 亿份网络帖子中的 50 万处关于该花生油的讨论，公司制订出下一个推广方向：鼓励人们挖掘出花生油在食物烹制上的各种别样用法，这是一个包括电视、互联网宣传广告等的一个大型营销活动，最终使该品牌花生油名声大噪，销售量大大增加。不难看出，在这个成功推广方案的实施前后，以大数据为核心的新广告行业做法为企业科学分析现状、优势、威胁和前景提供了有力的支持。

宣传媒介变得众多，人们有了更多选择的自由，需要监测、采集和分析的信息提高了好几个数量级，于此则需要能够处理巨量信息的软硬件设备和信息管理系统，传统广告业在这方面捉襟见肘，而互联网技术公司则显得游刃有余。

你还在用老套的宣传方式吗？

辨证 2：人才都去哪儿了

一切竞争都是人才的竞争。

人才流失问题，在每个行业都有，但广告行业尤为严重，于是便有了“广告人跳槽，天经地义”这一句戏谑之言。尤其是近年随着经济不景气，再加上互联网行业对传统广告业形成巨大冲击后，广告业人才流失问题尤为严重。根据最新调查显示，11.44%的广告业从业人员后来脱离该行业，转而投入其他行业的怀抱，这样糟糕的现状使得广告业无法形成有效的企业文化、核心价值观，而长远的人才建设计划也几乎变成了纸上谈兵。

工作压力巨大，迫使从业者惧而远之。广告业中，为了一个提案，可能要更改数十次之多，再加上如果遇上稍微强势的广告买主，更是会一遍遍地要求广告设计人员不断地进行修改，直到挑不出一个问题为止。

在某国内知名的广告公司工作超过 3 年的 S 先生是这样描述他平时的工作状态的：“工作量巨大，加班则是‘家常便饭’，所有人都不断地忙来忙去，因为客户在不断提出新要求，而我们也得不断地进行一次又一次‘拉锯战’式的修改，一个月加班可能会加 20 多天，赶上最忙的时候，一周四五天在客户那里开会，与客户进行讲解、协商，回来还要准备新的提案，周六、周日都要留在公司忙。”以前，广告业处于“利润丰厚、业绩增长高”的黄金时期，高劳动量给从业者带来了高回报。但是由于互联网的冲击，传统广告业被抢走了一单又一单的生意，高工作量已无法带来高回报，这也难怪从业者容易三心二意，频频成为各家猎头公司的座上宾了。

另外，随着新技术浪潮的蓬勃兴起，互联网行业在告别21世纪初泡沫的阵痛之后，进入了黄金发展期，更是在人才引进这个问题上不遗余力。在涉足广告业，这个一开始对于互联网行业算是陌生而又新鲜的行业的时候，如何吸引足够多的、能够帮助互联网行业快速了解该行业，从而克服可能存在的“水土不服”问题的人才，则成为了各家互联网决策层首先要面对的问题，而他们给予人才的是各种无法拒绝的好处：宽松的职场环境、良好的待遇、科学的管理机制。

互联网企业内部文化环境相对轻松，很少有那种传统企业内部“乌烟瘴气”的内部斗争，最重要的是鼓励员工去尝试，即使失败，上司也会第一时间和员工进行分析、讨论，得出失败的原因，而不是一味地指责。这与传统广告公司高压的工作环境形成鲜明对比，这种宽松的企业内部工作环境，无疑使员工的向心力和凝聚力得到空前增长，使得互联网企业不仅可以在一定程度上防止老员工跳槽，而且可以不断吸引新的人才，为企业发展注入“新鲜血液”。

互联网公司在员工待遇上也下了一番功夫，为了切实保障员工的经济生活，近几年，各企业纷纷采取了加薪政策，搜狐、腾讯、新浪加薪的幅度令传统广告业瞠目结舌。薪酬只是待遇中的一部分，另外，各大公司还在福利和待遇、员工培训及后续教育、股权激励方面“慷慨解囊”。值得一提的是，互联网企业还在一项重要的福利上“大开绿灯”——就是员工的住房问题，腾讯和阿里巴巴都已推出员工优惠住房计划，从而解决好员工的后顾之忧。以腾讯为例，腾讯推出了“安居计划”，旨在解决老员工（申请者需要在腾讯工作满3年）住房贷款难的问题。据悉，腾讯将为此项计划支出10亿元左右，而且目前已经有一批老员工通过审核拿到了贷款。

住在杭州的陶小姐是一位在淘宝工作了6年的老员工，而她在完成了结婚、生子等一系列大事之后，开始为住房问题发起了愁。对于她这样一个完全靠自己打拼的年轻人来说，想要拥有一套在杭州的住房，经济上非常吃力。就在她左右为难的时候，阿里巴巴及时公布了员工住房贷款优惠计划，一解她燃眉之急，她顺利完成了购房手续。

一方面是互联网企业的发展带给员工更多福利，让他们更加安心工作，从而激发工作积极性；另一方面，是传统广告公司的业务量缩减，导致员工整日处于“穷忙状态”，相比之下，人才渐渐向后者倾斜，更令传统企业雪上加霜。

在互联网日益盛行的今天，新型企业正不断成长和扩张，面对这样的情况，传统行业应拿出积极措施，争取将人才留住。

你真的想在竞争中获胜吗？那就想办法留住人才吧！

辨证 3：市场是检验真理的最有效手段

无论什么真理，都应该拿到市场上去检验。

除了致命的人才流失问题，传统广告业赖以所向披靡的广告行业理论和模式，也面临着越来越严重的质疑和挑战。

“大规模投放广告”曾经被证明是最有效、最能解决企业问题的方法，但随着新技术的蓬勃发展，已经有越来越多公司转投向“精准投放”的阵营。正如一句广为流传的名言：市场是判断真理的最有效手段，企业主们的选择证明了“精准投放理论”是最具有实用性的，互联网公司推出的服务物超所值，实际效果可以通过数据呈现。以我们熟知的“百度推广”为例，通过人群定向、主题词定向的精准定位方式，分析用户的行为方式，将最有效、最具有竞争力的内容投放到市场上，以获得最好的推广宣传效果。

几年前，众所周知的黑人集团推出了一款被公司期望甚高的产品——“黑人透心爽牙膏”，产品的推广问题就成为了公司的重中之重。经过慎重考虑之后，他们决定采用当时还算“初出茅庐”的网络推广，并且找到了国内互联网巨头腾讯公司，为其做全面的推广宣传。

腾讯经过对产品的全面研究和先期对该行业销售数据的全面采集分析后，确定了此次网络推广活动的目标人群——18 岁至 24 岁之间、喜欢新鲜刺激事物的年轻人，这帮人对新兴的网络世界非常熟悉和着迷。而在这款产品的网络推广活动中，应该抛弃传统广告业对产品性能的一味宣传，需要有更鲜活、更好玩的元素加入，才可以达到预定目标。

活动鼓励年轻人“抛开平淡 2D 生活，走向 3D 立体人生”。网友将自己的照片上传至网站后，照片会自动被制成 2D 画面，如果想把自己的 2D 照片变成好玩的 3D 立体画，就需要找到活动中房间里隐藏的道具，而寻找隐藏道具的关键就在黑人牙膏的广告视频里，而网友们都想快点找到隐藏道具，只得一遍遍仔细观看和研究黑人透心爽牙膏广告，最终找到道具，得到好玩的 3D 效果图。在活动中，参与者在不知不觉中接受到了新产品的介绍和品牌教育。

2011 年春节前夕，腾讯公司再次为联合利华旗下的著名茶品牌立顿奶茶做了一次定位精准的互动推广活动。腾讯发现，现在的网民更趋向于私人定制化，趋向于与众不同。而时间又接近过年，于是腾讯决定举办过年送祝福活动。活动一开始就非常吸引人眼球，因为腾讯很好地抓住了用户求异的心理，用户选择飘出不同祝福的立顿奶茶，点击后还可以选择不同的面部形象，再根据自定义头像自动制出各式各样的祝福视频，重点是做一个私人定制化的动感拜年视频，大大增加了过年的喜庆气氛。由于此项活动十分成功，获得了数千万的转载和上亿的浏览量，曾一度导致网站瘫痪。而在整个过程中，立顿奶茶通过成本极小的推广费用，就聚集非常广泛的人气，腾讯通过简单的技术创新，把单一的视频观看变成用户自己制作和互动，达到了非常好的宣传效果。

与此呈鲜明对比的是，传统广告行业做一条电视广告可能要花掉雇主几十万甚至上百万的预算。一个创意人员花费数个星期想出来的宣传创意，是不会允许你说一个“不”字的，否则你面对的可能就是他的雷霆咆哮和暴跳如雷。在诸多媒介中，广告代理公司一直呈现在企业面前的理念是：30 秒电视广告是最为有效的传播方式。但其实电视广告的效果远非他们说得那么好。电视广告贵，而越贵，广告公司赚得就越多。

得益于大数据的精妙处理和精准投放，同样是一段广告宣传视频，在新技术公司花的钱可能只有在传统广告业花的十分之一甚至二十分之一，但效果以及配套的后续服务会让传统广告公司汗颜。

A 公司是一家位于北京的刚刚起步的传播公司，不同于传统广告公司的做派：没有高耸入云的摩天大楼，员工不在高级餐厅吃饭。过去花费数百万预算的一段视频，在这家公司只需要投入数万元，就能拍出好几段不同场景下的各式各样的宣传广告，接着，公司还会使用数据库对视频的实际效果进行监测、分析，然后再进行大范围推广。

数据库是互联网平台上的亮点，也正因为大数据，广告才能得到精准投放，所以传统广告公司的运营理论便成了“纸上谈兵”。即便传统业者再坚持，事实已经说明了一切：在互联网面前，传统理论已经站不住脚了。

面对这样的现实，传统广告公司如再不采取行动，后果一定很惨。

二 沉着应对：魔高一尺，道高一丈

施治之方1：引起共鸣——广告要做到大众的心里去

只有引起共鸣，才可能激发大众的兴趣和欲望。

随着互联网的兴起，广告业的发展也开始出现新变化。在大数据当道的时代，新型广告公司通过更好地把握客户兴趣，从而设计出更令人心动的广告。面对这样的情况，传统广告公司如再不改变，结果将会很惨。

广告是给大众看的，能抓住他们的眼球才是最重要的，虽然互联网广告业如火如荼，但国内很多城市并没有普及无线网络，这就给传统广告公司留了一条“缝隙”。

众所周知，“创意”是广告的精髓，广告又必须引起大众的共鸣，如果能融合各种新颖手段，将隐藏于大众心里的想法通过广告表达出来，广告就会获得良好的效果。

当人们走在大街上，总能看到各式各样的商业广告牌，但无一例外都是为了宣传产品；印在杂志、报纸或通过其他媒体传播的商业广告，都是为了让大众看到产品的功效；甚至有些广告会夸大产品的功效，时间久了，当大众觉得它们没有新意了，这些广告就无法引起人们的兴趣。

不妨从其他角度出发，利用更独特的视角，将产品的优点表现出来，避免角度单一而产生的审美疲劳。

广告设计带有很强的主观性，要令大众接受，将他们的注意力引导到某一点，让他们全神贯注地去欣赏广告，才会引发大众的思考，这一点很重要，是保证广告能被他们记住的关键。

综观那些已经成为经典的广告，我们可以发现它们大多非常简洁，不像如今的广告业者，恨不得把所有元素全部放进去，表面上看是为了满足更多人的需求，实际上却会令人“一带而过”。由此看来，“简单却击中要害”是做出优秀广告的核心思想。

著名食用油品牌金龙鱼在进入市场后，曾推出了好几款广告，从“温暖大家庭”到“健康生活金龙鱼”，都无法令大众看到一个定位清晰的品牌，导致大众对它的印象很模糊，直到一条内容为“1:1:1 最佳营养配方”的广告出现，才令该品牌形象出现了质的飞跃。

原因很简单，人们越来越关注饮食健康，食用油更是人们每天都会用到的，广告正因为抓住了这一点，才迎合了大众的需求。值得一提的是，它没有笼统地说该产品有利于健康，而是提炼出其中的精髓——1:1:1 的营养配比。

传统广告想要与互联网平台上的广告相抗衡，就要从广告本身入手，必须是真正能吸引大众目光的广告。

通常情况下，商业广告、公益广告的区别很明显，但随着广告业的变革，两者之间的界限越来越模糊了，不少广告业者使用公益广告来展现某个商业品牌的价值。例如，某牛奶品牌广告关注了大山深处孩子的成长，意在表明该品牌的梦想是让每一个孩子拥有美好的生活。

广告吸引大众眼球的方式不仅仅如此，还要挖掘观众内心深处的情感，使人们被快节奏生活挤压得几乎麻木的神经重新活跃起来。为了达到这个目的，不少感情至深的广告应运而生。

某品牌调味品就曾推出过这样一则视频广告：一位年过六旬的老母亲不会讲英文，却历经几天几夜的辗转，去了位于南洋的某个国家。原来，她的女儿远嫁他乡，如今怀孕了，很想念家乡的味道，母亲将有乡土气息的各种调味品放进行李中，其中包括家乡的特产——将这种调料熬在汤中，孕妇吃了特别好。

母亲带着水和干粮上路，饿了就啃干粮，累了就在候车室休息，她坐了三轮车、汽车，还要赶飞机，在过安检的时候，工作人员要求她将行李打开，并问那些调料是什么，母亲不会说英文，着急得不得了，眼泪不停地流下来，她不能耽误飞机，更不能丢掉那些调料……最后，在好心人的帮助下，这位母亲终于登上飞机。看到这里，不少观众热泪盈眶，这就是父母对子女的爱……

这些能够打动人心的广告，具有很强的社会效应，给观众留下深刻的印象。

此时应当注意这样的问题，在推出广告前，要先弄清楚受众群体是哪些人，这和做饮料广告要气氛激扬、做按摩椅广告要安静祥和一样，广告的主题、内容、元素、氛围等，是造就一则成功广告的重要环节。既然想做大家乐意接受的作品，就必须给予大众想要看到的元素。

除此之外，广告的来源也非常重要，传统广告业者通常从专业人士那里找作品，却忽视了“高手在民间”的道理。

央视曾播出“有爱就有责任”的广告，这则广告的创意来自一位普通人，广告用动画的形式讲述了父母、孩子、家庭的关系。

在这个广告中，用英文 Family 制作成“家”的具体形象：小时候，爸爸是家里的顶梁柱，妈妈照顾着自己；少不更事的时候，开始对母亲的唠叨感到厌烦，想要挣脱拘束；走上社会后，才体会到父母的不易，但此时他们已经衰老，自己应当去庇护他们。结尾处，“Family”被幻化成“家”，并写出

“家，有爱就有责任”这句话，让无数观众潸然泪下。

在没有介绍作者前，不少人以为这则广告出自大师之手，却没想到它是来自民间的作品。由此可见，优秀的广告能吸引大众的目光，这是广告业者立足市场的前提。

面对互联网的不断发展，传统广告业者坐不住了，实际上，静下心来搞好作品非常重要。

你的广告能打动人心吗?

施治之方 2：拓展传播方式——将广告送给有需要的人

广告的目的是吸引潜在的消费者，所以要把广告送给有需要的人。

设计出精美的广告后，接下来要做的便是通过各种方式将作品传播出去，面对互联网占据“半壁江山”的现状，传统广告业者如果不能积极拓展传播方式，将会把自己逼进死胡同。在这个“酒香也怕巷子深”的时代里，不仅要把握原来的传播介质，还要借助新媒体，才能在空前复杂的环境下杀出一条路来。

新媒体不断出现，虽然令传播环境更为复杂，却也给广告业带来更多机会。当其他广告业者都通过不同媒介进行宣传的时候，还使用单一介质的企业就会陷入困境。

此时，广告业主要采取新的传播方式，将营销传播工具整合起来，以实现传播品牌的目的。不难看出，传统广告业者正面临前所未有的挑战，必须拓展生存空间。

广告是做给大众看的，广告业主必须做到了解大众的心理需求，才能更好地投放作品，这样一来，与大众的沟通就显得尤为重要了。

传统广告业与互联网相比，正因为缺少了这个“沟通”环节，所以无法做到“精准投放”，但广告业务借助互联网工具后，就能知道更多人的心理需求。所以，传统广告业不能排斥互联网平台，应当适时地尝试这种新传播媒介，同时做好传统的广告服务，有利于其获得更多利润。当公关、促销、直销、互动行销等工具被统一利用的时候，广告的传播效果才能实现最大化。

真正优秀的广告，既不能将太多要素融合在一起，也不能过于单一，而是要采取营销整合方案，其中的关键在于要素之间要有联系。

2003 年，雅客 V9 在央视发布了名为《跑步篇》的广告，这则广告被评为当年“最有创意的广告”。片中，周迅巧妙地将该产品的功能描述出来：每天两粒雅客 V9，补充每日所需的 9 种维生素。同时，片中的所有人都通过跑步将体育精神展现出来。

这就是广告业的“整合营销传播”方式，通过简单的表达，将多重要素呈现出来，正因为这些要素之间存在很大关系，和大众的生活贴合得较紧密，所以很容易被接受。

有些广告做得不好，是因为没有将商业元素“掩盖”好，所以很容易被大众看出噱头来，从而使人反感。新型广告是要将商业要素融合到主体元素中，让大众看到产品价值，广告就容易被人接受了。

广告业者要意识到“营销”的重要性，不仅要设计出更出色的作品，还要对广告进行精准投放。通俗地说，就是把广告投放到有需要的人手里。

想要实现这个目标，必须借助互联网平台，从大众的点击率中看出他们分别对什么样的广告感兴趣，再投放到他们的邮箱、手机等私人空间中，既节约了广告商的成本，也通过广告提升了营销效果。

除了这些，依托互联网平台还能加强广告商与大众的互动，正因为广告的投放很精准，所以才能引起对方的兴趣，有利于商家和消费者进行一对一的沟通，甚至直接销售。当广告能够帮助品牌实现这些，该广告商也会获得巨额利润。

A广告公司常年为各品牌提供广告代理服务，A公司为某品牌手表做宣传，成品出来后，不仅沿用了传统投放方式，还对各网站进行有选择地投放，结果，该品牌所推出的新款产品大卖。原来，互联网平台先对大众的资料进行筛选，谁在近期查看过类似产品，就向谁投放广告，谁对产品感兴趣，只要点击广告就可以了，自动链接会将大众引入该品牌手表的销售网站。

面对广告行业竞争日益激烈的情况，传统广告业者如果没有意识到营销的重要性，就无法做出令品牌名声大噪的广告。想要改变这一现状，必须把能反映产品的核心元素融入其他元素中，既展现了产品的特性，又能使广告有良好的整体效果。

当然，最重要的是如何进行投放，广告商同样要以营销为目的，将广告公布给最需要的人，因为这些人有可能会去购买该产品。不论借助互联网平台，还是传统媒介，都要先考虑好：这些消费者是否会对产品感兴趣。

你的广告都发布到哪儿了？

施治之方 3：1+1 > 2——建立一支强大的、专业化的广告团队

传统广告行业要想发展，就得走集团化和专业化之路。

国内广告行业本身就面临着起步晚、专业性不强的问题，如今，互联网的异军突起，又令这个行业雪上加霜。为了改变这个情况，广告业必须走上集团化和专业化之路，才能集中全部优势力量，推出更多优秀的作品，在全球广告行业中站稳脚跟。

在经济全球化的大背景下，不少国外的广告公司将重心往国内偏移，在中国的土地上，有无数家规模不大的自营广告公司，由于力量过于分散，公司之间也不注重合作，导致大家各自为政。应当整合这些公司的资源，使小广告公司将优势发挥出来。

互联网之所以能在短时间内得到发展，是因为它便于跨界，只要是对本行业有用的信息，就可以拿过来用，并收集更多用户资料，以便进行精准投放。传统行业同样能采用类似做法，或拉拢规模较小的广告公司加盟，或主动与其他公司合作，这样实力才会更加雄厚。

等到收购完成后，母公司应当对新收购企业的人员进行系统培训，意在提升他们的专业性和团队合作能力。集团越能早日合作融洽，就能早一点创造利润，将转瞬即逝的商机牢牢把握在手里。

当广告企业走集团化路线，就能集聚更多资金，谁都愿意将广告丢给有实力的企业做，而那些有能力找大公司做广告的机构，同样实力不菲，利润

也同样很多。而小型广告公司很少有与大型机构合作的情况，导致长期经验不足，资金周转速度也很慢，缺乏实力的结果，将是很快被淘汰。

白马广告公司成立于 1986 年，主营户外广告，该公司与另一集团合资经营了风神榜，并于 2001 年在香港成功上市，开创了内地广告企业在香港上市的先河。作为一家专业的媒体供应商，白马集团利用自有媒体资源，将风神榜候车亭投放在了全国各地。截至 2013 年底，白马集团在全国占有 60%的市场份额，其中一线城市更是占到了 90%以上，其专业性是行业内屈指可数的。

值得一提的是，与白马集团合资完成风神榜项目的，是境外一家非常有实力的企业，名为 Clear Channel，两个企业同样擅长户外广告，所以能很快建立合作关系。

走集团化路线的白马企业，经过长期发展，俨然成为国内最具有实力的广告公司。成立初期，该企业就将建立优质的销售团队当成目标，它先后在几个一线城市建立了销售核心平台，形成辐射华南、华东、华北地区的销售网络，能够快速捕捉市场信息，一有机会就马上出击，实力可见一斑。

从白马集团的案例中可看出，广告企业想要得到长远发展，必须建立更强大的团队，从而争取更多合作机会，并且抓住更多商机。在互联网演绎跨界的过程中，能迅速掌握客户信息，并进行精准投放。传统企业想要胜过互联网，除了借鉴它的优势、适当利用互联网的功能外，还要建立起有竞争力的销售组织，有能力将业务揽到自己的企业下。

当传统广告业向集团迈进的时候，其实和互联网跨界有一些类似，不仅因为集团能够包罗万象，更重要的是，为企业提供了一个平台，面对激烈的市场竞争，企业就有底气去争夺。

目前，中国的广告业走集团化路线，大致分为三种情况：第一，广告公司强势出击，占领广告媒体，案例中的白马集团就是这样。此外，还有非常著名的 TOM.COM 公司，都是通过抢占最有利的市场，将擅长的广告业务一个个揽入企业。第二，广告公司自主经营，逐步扩张，这类企业利用自身优势，进行有效的投资管理，最终将资源整合起来，形成较大的传媒集团。第三，规模较大媒体向广告延伸，这类企业本身就具有优势，所以有实力组建广告公司、公关公司、营销公司等。

可见，面对互联网的强势来袭，国内传统广告公司已经开始计划对策，虽然走集团化之路需要一定时间，但这是传统行业增加风险抵抗力和竞争力的重要手段，只有当小企业通过整合变成集团，才能显现出 1+1>2 的局面。

与国外企业相比，国内广告公司想要成功应对竞争，必须有专业的团队，正因为广告行业内部开始有明显的细分，所以广告业者不仅要做得全，还得做得精细。之前，国内广告业呈现粗放式管理，但随着国际市场的变化和互联网的影响，逐渐向精细化管理过渡。想要为客户提供更加个性化的服务，就必须做好细节，在专业上取胜。

值得一提的是，国内有些小广告公司一时没有找到合作伙伴，不妨以某一专业服务见长，并着重研究这个领域，意在为客户提供更具专业化的服务，这也是提升竞争力的一种途径。

传统广告业在与互联网竞争的过程中，已经被对方抢去一部分市场，好在有企业已经意识到问题的严重性。根据当下的情况，传统广告业的实力越强，就越能坚守阵地，所以，就必须走集团化和专业化道路。

只有强强联合，才能产生马太效应。

第六章 ╱ 受众不再沉默，人人都需要话语权
——传统新闻业如何自我救赎

互联网改变了一切，包括人们对新闻的认识，以及对自我的认识。受众不再是沉默的接收方，他们需要关注，需要表达自己的观点。然而在面对传统的新闻媒体、传统的信息传播方式时，受众的观点应如何抒发，这是传统新闻业必须考虑的问题。

一 残酷的现实：传统行业折戟沉沙

辨证 1：没有最“坏”，只有更“坏”

对传统新闻业来说，风光早已不在，现在似乎进入了最坏的时代。

曾几何时，人们不再一边手捧报纸一边吃饭或是喝茶；人们不再习惯从电视上获取新闻，可能在打开电视机前，电脑上就已经跳出“腾讯新闻”。既然新媒体如此方便，还会有谁整日守着电视呢？

随着网络的普及，人们从网上看新闻非常方便。若是买报纸，还得想着

如何处理掉旧报纸；若是看电视、听广播，时间上就被动了。对于传统新闻业来说，这是最“坏”的年代。

到底有多“坏”？如果身边有从事相关工作的人，你一定能感受到网络新闻对报社的冲击，老板让他们不停地想创意，薪水还越来越低，甚至有些报社已经倒闭……而网络新闻那边却出奇地好，不断推出新的播报方式，尽可能让大众在事件发生的第一时间收到消息。与此同时，网络新闻会以大众乐于接受的方式呈现，新闻变得不再枯燥，加之有多种传送渠道，便于维持大众的新鲜感。

说到国内第一新闻客户端，很多人会将目光投向“网易新闻”，作为网易公司倾力打造的精品项目，它正悄悄改变着人们的生活，并被某一些网友评论为最流畅、最快速、评论最犀利的新闻端口。

它之所以被大众青睐，首先是因为有较广的新闻覆盖率，世界上发生的大事小情，都能够在第一时间得到反映，加上各种辅助功能，例如，跟帖盖楼、图片浏览、话题投票、要闻推送、离线阅读、流量提醒等，赋予该应用软件更多可操作性。

在此之前，很多门户网站都以“新闻”为主打项目，同样给予大众独特的体验，但仅仅限于 PC 端，网易新闻是近年来移动端中比较吸引人眼球的，它设有新闻、娱乐、体育、财经、科技等众多频道，满足了超过 1 亿用户的需求，提升了他们用手机看新闻的阅读体验。甚至有网友这样说：“这下我终于可以随时随地看新闻了。”

对于这样一款功能强大、可以在多种手机操作平台上使用、又免费的应用程序，网友一直保持较高的热情。截至 2013 年 1 月 9 日，网易新闻的使用人数就超过了 1.2 亿人，每天有 4000 万人活跃在线上。

可见，类似于网易新闻的客户端，能够做到随时为大众准备好需要的资讯，并且不断增加阅读的乐趣。相较之下，传统媒体就显得比较枯燥了：订购一份报纸、定时打开收音机、电视……更重要的是，它们所能承载的新闻量远远低于网络，大众只会选择更加方便的媒介。所以，传统新闻业正在遭遇“最坏时代”。

如今，很多人离不开互联网，工作需要用到它；休息的间歇就可以打开各门户网站，对新闻进行浏览；上下班途中，也可以通过手机客户端了解当前发生的新闻；晚上回到家，人们多半也会选择上网。这样一来，最新资讯就能马上被大众掌握。在信息技术不断完善的今天，谁都希望以最快的速度了解时事，以便在朋友、同事之间更有谈资。

随着大众的交流方式趋于多样化，网络新闻更容易被接受，文字不再是唯一途径，而是与图片、视频等结合在一起，令新闻更具有观赏性，大众也能积极参与到其中。例如，用网络工具同朋友聊天的时候，直接将新闻页面截图给对方，或是发送网址，这样一来，大众看新闻的成本就非常低廉了。此外，也可以通过直接“分享”的方式，将信息发布在公共平台上，加速了信息的传播速度。

这是大众想要的生活方式，传统新闻业若是做不到，只能眼睁睁看着网络新闻不断壮大。传统新闻业者总是说压力大，生怕自己的采访、编写角度不合大众的口味，在互联网平台上，这个问题以非常轻松的方式解决。大众点击量多的新闻，一定是他们最关心的，如果能在这些方面进行深度挖掘，从多角度进行分析，就能更好地抓住读者的眼球。

传统新闻业发展至今，新闻总是以一成不变的面貌出现在大众眼前，而网络新闻似乎“一天一个模样”，给人很新颖的感觉。业内人士称：想要对前者进行改变，花费的成本比后者多许多。也正因为此，网络凭借其特殊优势，将原本属于传统新闻业的资源统统拉了过来，并加以整合，成为如今的形态。

过去，只要谈及新闻，就会给人很官方的感觉，直到网络新闻盛行，该行业才给人以轻松感。有了大众的支持，互联网想要从中赚取更多收益，就变得轻松易行了。

很明显，互联网能够将新闻业的各种优势集合到一起，更以全新的方式呈现在大众眼前，相较之下，传统新闻在这方面做得远远不够，如果不能找到适合自己的发展道路，后果可能不堪设想；反之，则有可能改变当前的局面，将目前的挑战变成机遇。

互联网的优势在于能迅速地汲取百家之长，传统新闻业该如何应对？

辨证 2：从扩大发行量到降低流量

网络时代，流量为王。

网络新闻的崛起，导致新闻业发生巨大变革，从看“发行量”到看“流量”；业内外人士评价新闻的好坏同样出现了重大变化，尤其是众多门户网站纷纷建立移动端之后，谁能让大众节省流量，谁就赢得了胜利，前提是，不影响阅读质量和用户体验。

节省流量成为很多网站进行技术升级的重点，这方面竞争越激烈，传统新闻业越没有出路。为了节约流量，大众在进行阅读的时候，经常不愿意看带有图片的新闻，但是缺少了图片，信息有时会不完整；去有无线网络的地方看，但国内对无线网的普及还不够。于是，各个网站都在全力打造“省流量”模式，力争在“流量为王”的时代，抢来更多客户。

据统计，截至2013年年底，有超过30%的网民通过客户端看新闻，可见，该市场还有很大发展空间，关键是要为大众提供方便、实惠的阅读方式。

2013年中期，网易客户端推出了安卓3.7.1和iOS3.7.2版本，优化了视听效果，让大众真正能体验“听新闻”的感觉。在享受升级版的同时，人们的忧虑又来了：流量怎么办?

新版本解决了大众的烦心事，在“听新闻”栏目列表中，将每个音频文件的大小都标得很清楚，并提供离线下载功能，用户可以根据身边是否有无线网而决定是在线听还是进行离线下载。值得一提的是，非无线网用户会在点击“听新闻”之后，马上出现提示当前网络环境的对话框，提醒用户不要浪费流量。在此之前，网易新闻就已经具备了“离线下载”功能，很多用户会在有无线网的地方对新闻进行下载，然后慢慢阅读。

在如何节约流量的工作中，网易新闻一直走在前列，这便是它能保持国内第一新闻客户端的原因。

互联网与传统行业相比，除了信息传输速度快之外，还能够减少使用成本，两者都是用户关心的，所以“流量”才会成为众多网站竞争的焦点。这种情况下，技术升级便成为时刻都不能放松的事情，互联网才得以在不断加快的步伐中，将传统新闻业远远抛在后面。

随着智能手机的普及，越来越多的人通过客户端看新闻，必定引发各网站开创自己的客户端。如此一来，原先的网站就会面临很大压力，再不在用户关心的问题上进行升级，肯定会让用户转向其他品牌客户端。互联网环境亦有这么激烈的竞争，传统新闻业要是再不奋起追赶，恐怕连现有的市场都将被瓜分干净。

综上所述，网络新闻之所以得到大众的青睐，主要原因在于能最大限度地满足用户需求。相比之下，传统新闻业就不那么灵活了，甚至需要读者去适应它，所以才出现市场萎缩的情况。从细节上看，想要让用户更依赖新闻客户端，就必须进行功能扩展，但功能越多，耗费的流量也越多，所以各网站才会把目光都集中于流量上，不仅做到及时提醒用户，还会尽可能地优化原有功能，这样一来，就会有越来越多的用户倾向于使用客户端。

刚刚提到，除了客户端之外，用浏览器看新闻也非常流行，这种适合于只看新闻、不进行其他操作的用户，界面简单、明了，能够通过有效链接，跳转到其他页面上，但它并不能节省流量，所以有可能在未来被客户端抢走用户。

可见，在“流量为王”的时代，网络新闻俨然将“蓝海”变成了“红海”，竞争趋于白热化，谁能占得资源，就有机会称王称霸。基于这样的现实，各个网站将流量当成检验客户端的标准之一，重视程度可见一斑。

所以，当各个新闻客户端在节约流量方面不断努力的时候，传统新闻业只能“干瞪眼”。身处互联网时代的人们，总是将流量看得特别重要，因为它就是人民币，所以大家对此格外重视。一面是纸质媒介的不断涨价，一面是网络媒体不断为用户压低成本，大众会选择谁是显而易见的。

在互联网新闻媒体拼命降低流量的时候，传统新闻业该怎么办？

辨证 3：从模仿到超越

网络新闻也是从传统新闻脱胎而来，然而它迅速超越了传统新闻。

现如今，几乎所有网民都通过互联网了解新闻，截至 2013 年，中国网民数量已经突破了 6 亿人。可见，网络新闻的用户群体已经非常庞大，与之相对应的是传统新闻业的衰退。

很长时间以来，人们都习惯了通过看报纸、听广播、看电视的方式了解新闻，直到互联网出现，这个局面才被打破。当大众渐渐觉得通过手机、电脑看新闻既省时省钱又非常便捷的时候，传统媒体便少了很多支持者。

与其他国家相比，国内网络新闻发展史比较短暂，但速度却空前。就拿 2013 年说，我国网民平均每周上网时间超过 30 小时，其中超过半数人上网是为了获取资讯，当然，在全球其他地方，通过网络看新闻的趋势也非常明显。

近年来，国内新闻网站的数量越来越多，据不完全统计，目前新闻类网站多达 6000 多家，覆盖时事政治、经济、文化、体育等，可以说是应有尽有。

想要将国内网络新闻业琢磨透彻，首先要从主流媒体看起，从 20 世纪 90 年代末期开始，新华社、人民日报、央视等就建立起自己的新闻网站，并且规模不断扩大。其次是各类商业性网站，例如搜狐、新浪等，也呈现高速、全面发展的特点，受到不少网友青睐。

凤凰新媒体是一家跨平台的网络媒体，在全球享有很高的声誉，旗下有凤凰网、手机凤凰网和凤凰视频三大平台，为大众提供了无数优质资讯。作为一家优质的门户网站，凤凰网一直倾力打造优秀的新闻平台，提供国际、国内的各种资讯，并为用户提供了相关应用软件，同时添加了多媒体服务，满足不同用户的个性化需求，而创造这些的目的，就是为了让大众接受更多新闻讯息。

迄今为止，网络新闻端的发展速度快得令人惊叹，作为一项新兴的产业，很多有学识的人愿意投身其中，这是推动互联网新闻不断发展的重要支撑，加之大众正需要不断更新的技术来丰富自己的生活，所以，网络新闻从一开始就有广阔的市场。通俗地讲，在做这个生意前就知道是“稳赚”的，肯定有很多人愿意从事该行业。

在很多人看来，网络新闻是“模仿”传统报纸建立起来的，但网络新闻凭借其独特的优势，后来者居上。对每一个板块进行完善，再加上互动栏目，所以网络新闻给人以全新的体验，这是传统新闻业很难做到的。

如果传统媒体还无法对原有的新闻进行改变，可能会面临更加严峻的形势。

二 沉着应对：魔高一尺，道高一丈

施治之方1：质量就是生命——换个角度看世界，新闻大不同

人无我有，人有我优，必将是传统新闻业的突破点之一。

尽管网络新闻带给大众全新的体验，既能够看新闻，又可以参与到互动平台中，但作为新闻载体，信息质量才是大家最关注的。若是各网站的新闻都是千篇一律的，还会有谁去看呢？

抓住了这一点，传统新闻业就抓住了重振旗鼓的要诀：用高质量的新闻打败网络媒体。

既然传统新闻业知道了如何改变，接下来要做的，便是做好资源整合，谁收集的资料越多，就有了更多素材，再进行编辑的时候，就能呈现出其他新闻无法呈现的一面，这是最基本的。

当然，新闻不是简单地将素材整理起来就可以了，而是需要进行深度剖析，很多看似平凡的事情，背后都有可以挖掘的要素，对新闻进行深加工。

试想，当你拿起一份报纸，发现它能从不同角度对一件事情做出报道，肯定会有人愿意看，时间久了，人们还是会通过看报纸获取资讯。

例如，读者已经在网上看到了一篇关于奥运会的报道，网上的新闻主要对赛会实况进行了报道，并且重点采访了冠军，这是很多媒体都能做到的。但此时有一份报纸只是简单介绍了比赛情况，却用了很大篇幅对运动员的训练情况进行介绍，甚至去采访那些比赛失利的运动员。与其他媒体相比，该报纸的优势是站在全新的角度看待这件事，如果能让读者看到更深层次的东西，就会大受欢迎。

不论国内还是国际，每天会发生很多事情，面对海量新闻，媒体都要经过认真筛选，为读者解读国内外大事。其实，不论传统新闻业还是互联网新闻业，都要往“软新闻”方向发展，这是大势所趋。虽然民众依然很关心国内外大事，但对其他领域信息的关注度同样越来越高，看新闻不仅是一种习惯，人们更要从中获得有效信息。当传统新闻业者了解了这一点，就可以对现有的模式进行调整，能够提供读者想看的文章，自然会受到青睐。

Y 报社是一家综合性媒体，在某市有很高的支持率，一度被评为“××地区发行量最大的纸质传媒”，但在互联网不断发展的今天，它的销量也曾有过下滑的情况。

作为老百姓的“生活伴侣”，Y 报纸及时对原有版面进行了调整，考虑到阅读群体主要是中老年人和在单位上班的人，所以分别开设了时政要闻、生活窗口、娱乐资讯、健康生活等栏目，意在满足大众的需求。

考虑到越来越多的人开始重视媒体的互动性，Y 报社便注意开发这方面的功能，开辟了一个全新栏目——帮你找邻居。很多人通过该栏目找到了早已失去联系的老朋友。

为了提高阅读率，Y 报社在审稿的时候非常注重质量，并不要求记者提供海量新闻，但一定要有新颖的角度，对某件事情进行深刻思考。正因为该报社非常重视这些方面，才在销量出现下滑的时候，马上扭转了局面，稳定了一批老读者，并且在不同时间里打造不同栏目，尽可能让大众参与到其中。

有了这样的经历，Y 报纸变得更有可看性。方向对了，接下来要做的，便是朝着该方向继续走。Y 报社将此看成非常重要的经验，在为大众提供深刻且专业化的报道的同时，也不断调整板块，尽可能给读者预留发挥空间。

截至 2013 年底，Y 报纸的销量比之前增加了 10%，虽然增幅并不明显，但在行业环境不景气的情况下，能够有所改观实属不易。

虽然这些改变令 Y 报社有了转机，但想要变得更好，他们还需要继续努力。新年伊始，该报社对 2014 年的工作做出了规划：致力于打造更能打动读者的纸质传媒。

虽然每个人对同一件事情的看法不同，但能从不同角度对事件进行深刻分析的媒体，一定能受到大众欢迎。人们看新闻，不仅想要了解外界发生了什么事情，更想看看该媒体是如何报道和看待这件事的，这反映了媒体的认知度和责任感，这便是传媒存在的意义。

尽管互联网带给新闻业很多惊喜，但还是有一部人已经养成了读报纸、看新闻、听广播的习惯，这些人普遍知识水平较高，对于事物的理解也非常深刻，所以，传统媒体若是不能对现有的新闻质量进行升级，恐怕连这些用户都会丢失。

新闻业想要拥有更多支持者，就必须以大众的爱好为出发点，随时掌握市场动态。与其他功能相比，新闻的质量是第一位的，不仅要有足够新颖的立场，还必须将媒体的观点加入其中。

所以，认真做新闻是赢得用户的关键。

施治之方2："细分"市场——传统新闻业必须有的放矢

每个行业都需要"细分"市场，传统新闻业也不例外。

虽然网络新闻出现的时间并不长，但它也有很多值得传统新闻业学习的地方。如何将信息进行"细分"就非常关键，若是能做好这一点，传统的新闻业就会呈现出不同的面貌。

随着国民素质的提升，人们对媒体的要求也越来越高，此时，若新闻无法满足大众的需求，也就不会有市场。目前的情况是：读者的需求渐渐多样化，所以必须对新闻进行"细分"，能够说到每个人心里，才算得上是好新闻。

传统媒体虽然保持着"分板块"的习惯，但是对其中的内容却很少有更为详细的划分，这就给传统新闻业埋下隐患。网络新闻之所以吸引人，关键在于能满足大众的个性化需求，提供更多服务。

之前，新闻内容多半非常笼统，认为大众会关注什么就写什么，时间久了，读者就会觉得没有新意。想要迎合大众，就必须打造一款"老少皆宜"的媒体。

某市晚报一直受到市民的喜爱，虽然身处互联网"横行"的年代，但在这个城市里，人们都习惯看这份晚报。

该晚报在做版面设计的时候，不仅对大类别进行区分，同时将每一版又分为A、B、C三个小类别，分别满足不同人群的需求，有些报道很深刻，有些则很轻松，还有一些非常注重实用性，带给读者不一样的体验。

在该城市，几乎有超过30%的家庭订阅了此份晚报，与此同时，它的零售业绩也很可观，由此带来的广告收益更是颇丰，在这样的背景下，该晚报决定创建手机平台和电子晚报，意在拓宽传播渠道。

很多人觉得，传统新闻业无法满足不同人的所有需求，否则就会增加其成本，这种做法看似会令利润减少，实则能帮助企业抓住更多读者。

正因为人们感兴趣的点不同，加之知识结构存在很大差异，在进行编辑前，必须要知道这是给谁看的，这样一来，就知道从哪些方面入手、侧重点是什么，读者关心的部分要写清楚、详细，才有可能被对方接纳。

媒体不仅要将新闻呈现给大众，还得有“附加功能”，意在为对方提供“个性化服务”，例如，与餐饮店、电影院等合作，推出优惠券等，这也是吸引读者的点子。

网络新闻之所以受欢迎，原因在于它不单单是一个发布新闻的平台，同样是服务平台，如果传统新闻业也能意识到这一点，就有可能改变现状。

想要做好服务者，就必须站在读者的立场想问题，尽可能对现有的板块进行“细分”，从新闻内容入手，让他们喜欢看，还要积极创新，让大众觉得该媒体很实用。

说到底，传统新闻业也是大众服务行业之一，所以，一切要从读者角度出发。

施治之方3：别忘了你的受众——增加互动，才能提高关注度

传统新闻业并非不能与观众互动，要改变过去的单一传播方式。

在人们的印象中，传统媒体是单向传播的，只有网络新闻才能做到与用户互动，这是互联网的优势。但是，事实上传统媒体同样可以与用户互动。

例如，开辟一个全新的栏目，让大众参与进来，如果定位正确，外加宣传活动做得好，肯定有人参加。

T报纸在某市有很高的销量，它们经常开辟专栏，邀请民众参与到其中。2013年，该报纸推出了服装搭配的活动，不论男女，只要年满18岁都可以参加，报社邀请市内非常有名的服装、化妆老师助阵，一时间，很多人踊跃报名。

每隔一段时间，该报纸还会发表一些学生的文章，并对一些优秀学生予以采访，又令它的关注度高了不少。

除此之外，还可以添加一些便民服务，只要对大众有好处，他们就会重视这些板块，时间久了，该媒体的利润就会增加。

传统媒介也曾与大众沟通过，或是电话，或是书信，但这些似乎都比较"慢"，甚至现在很少有人使用书信了。鉴于这种情况，媒体可以建立一个微信公共平台，或是在微博上注册一个号，将重要消息放在上面，随着活跃度和关注度的增加，传统媒体便有了活力。

在建立起网络平台后，可以适时在上面添加突发性新闻，从读者那里收集新闻观点，在进行印刷的时候，不妨加上有新闻价值的留言、评论等，通过这种方式，拉近媒体和读者的距离。

不论电台还是报纸，发布新闻都具有时效性，大众想要看到前几天的消息，只得去借阅，有了微博或是微信后，即便过了很久，人们也可以找到比较重要的信息，这也是吸引读者的途径。

在互联网不断发展的今天，传统媒体若能加入新型技术元素，就会给人耳目一新的感觉，有助于邀请更多人加入其中。

2013年，北京卫视推出一档养生类节目——《我是大医生》，与其他栏目不同的是，"大医生"也非常适合年轻人看，加上轻松幽默的主持风格，更受到大众的欢迎。

节目开播前，栏目组就在新浪微博上开通了平台，对节目形式、主持阵容、前期准备等做了介绍，相当于非常优质的前期宣传。那时候，“大医生”的微博已经有很多粉丝了，不少热心观众还留了言。

等到正式开播后，“大医生”会提前对节目内容进行预告，一般是以视频、文字、图片等进行预告，节目结束后，主创人员也会对本期节目做一个总结。

由于微博具有私信功能，观众有什么疑问、建议等，都能通过此传递给主办方，对改进节目又起到了很好的促进作用。

可见，改变传统媒体的单向传播方式后，一切都变得简单易行，宣传力度增加了，却节约了成本，只要有人对微博进行操作，就能与大众保持沟通，这个方法可以推广到任何媒体中。

网络时代，谁能掌握互联网优势为原先的工作服务，谁就能成为赢家。媒体的作用是为大众服务，所以要开通更便民的渠道，就像很多报社打造个性化“手机报”一样，大众要的是方便，如何能在更便捷的情况下了解新闻，是传统媒体要考虑的。

传统媒体拥有网络平台后，不能常常不打理，如果长期不经营，也很容易被大众忘记。所以，必须灵活运用网络平台，最好是建立“小组负责制”，对该平台实行操作和维护，与大众的互动越多，传统媒体越有活力。

为了增加传统媒体的知名度，并保持读者活跃度，用各种方式邀请大众参与到其中，能够改变目前单向传播的情况，传统媒介可以利用适合自己的方式，通过不同渠道，将新闻传递出去。这个过程中，一定要注意受众的想法。

增加互动，才能提高关注度。

第七章╱手机只能打电话？你 out 了！

——传统通信业如何走出死胡同

过去，朋友相识，总要交换手机号码。在互联网时代，微信横空出世，人们道别时不再相互记下电话号码，用微信“摇一摇”便可添加对方为好友。微信既方便联系，又经济实惠，谁还会那么老土地记别人的电话号码？那传统的通信业是不是走进了死胡同呢？

 残酷的现实：传统行业折戟沉沙

辨证 1：网络时代，谁还打电话？

微信那么便宜，谁愿意花更多的钱去打电话？

通信行业是为大众交流沟通提供工具的。在过去，人们用书信、电报等方式联系，后来出现了手机，于是人们又用电话和短信联系。如今，大家人手一部手机，座机电话大多只出现在办公室；更甚至，就连手机的通话功能也在不断缩减，因为人们又找到了既方便又省钱的通信方式。

走在大街上，能看到不少人使用微信对讲功能。作为当下最流行的通信方式，微信不仅受到年轻人喜爱，它还有一部分“中老年粉丝”，原因就在于微信的操作非常简单，能快速传递信息，甚至有些智能手机会在出厂时就已经安装好该功能，而这些都是建立在互联网信息高速发展的基础上的。

说到通信，人们第一时间会想到QQ聊天软件，短短十几年时间，腾讯公司就把它从一个单纯的聊天设备完善成一个综合性的沟通平台。走进很多企业，尤其是中小型企业，就会发现大部分人的电脑上都挂着QQ，员工想要与外界沟通，不会再将电话当成唯一方式。加之QQ方便传送图片、文件等，又令它增加了一重优势。

说到这类通信软件，不得不提它的视频功能，人们打电话的目的是为了沟通感情、讨论事情等，能够做到面对面，总比只能听到对方声音强，加之使用这类软件的成本低廉，所以受到大众的欢迎。

相较之下，传统通信方式就显得有些落后，成本也比较大，这就是越来越多人选择互联网的原因。

Skype是一款网络即时语音沟通工具，支持视频聊天、多人语音会议、多人聊天、传送文件和多人聊天等。用过该软件的人都发现，它能提供非常清晰的语音通话，在使用“通话”功能的时候，可以向国内外的固话、手机、小灵通等随意拨打，并能实现呼叫转移、发信息的功能。

很多人最初接触Skype是因为它能够减少“打电话”的成本，每分钟通信费低至几分钱，在使用的过程中，才慢慢发现其他功能的。对于一款通信软件来说，只要一方联系人使用了它，很快就会被另一方接纳，可算是得天独厚的优势。截至2013年年底，该软件在全球已经有超过6.5亿人注册，最高峰的时段，有3000万人同时在线。

作为一款能够在全球范围内使用的通信软件，Skype让身处不同地区的人沟通起来更加方便。要知道，若使用传统通信产品，需要支出昂贵的费用。

凭借雄厚的技术支持和科学的运营管理，Skype 在近几年取得了不错收益，虽然只是众多互联网通信软件之一，同样对传统行业造成不小冲击。

有了这么便捷又便宜的网络产品，还有谁会使用电话来聊天呢？从 GSM 到 GPRS，再到后来的 3G 网络以及 4G 网络脚步的临近，通信技术正以飞快的速度发展，随之而来的是通信方式的改变，人们需要以最快的速度解决生活、工作中的通信需求，传统通信产品显然不能满足，但互联网却凭借其优势轻松做到这一点。

除此之外，大家还发现了一个有趣的现象：不少家庭没有安装固话，因为在他们看来，有手机和网络就足够了。

可见，当网络通信产品能够带给大众更好体验的时候，传统通信业就会受到冷落。对于大众来说，什么工具用得顺手，大家就会习惯用什么。如果传统通信业总是不能带来惊喜，人们就会越来越依赖网络通信，当后者已经完全存在于良性循环中，前者的命运更加堪忧。

很明显，大部分人都在等待网络通信软件更新后所带来的新改变，或许在此时，你正通过微信与朋友交谈，却不会想：打个电话吧！

传统通信业再不改革，恐怕就要被人遗忘了。

辨证2：你有“粉丝”吗

在微出版和自表达成为时尚的年代，你有粉丝吗？

从古至今，人们通信的目的除了要对一些事情做出说明外，更重要的是告诉别人你的近况，如今，大家却可以用更便捷的方式做到这些。例如，在微信、微博上发表文字、图片，告诉亲人、朋友你过得如何。同时，你也可以对自己进行“定位”，让别人知道你在哪里，等等。随着互联网的兴起，有人给这些行为起了非常形象的名字：微出版、自表达。

与传统联系方式相比，网络通信似乎更能展现个性，想要让朋友知道你在做什么，直接拍张照片放上去就行了。当然，还可以对照片进行美化，这比打电话、写信方便多了。不要觉得这是年轻人的“专利”，不少中老年人同样对此很热衷。

值得一提的是，网络通信的发展为不少人提供了工作便利，人们可以利用网络宣传自己的店铺，与客户、供应商保持联系。

五六年前，人们开始热衷“人人网”，在这个平台上，人们能够找到“失散多年”的同学，这是传统通信产品无法实现的。后来，微博、微信等相继成为人们生活中的一部分，因为它们具备更强大的功能，这是互联网行业内部的“竞争”。

张女士开了一家甜品店，由于是小本经营，所以无法在广告宣传上投入很多钱，于是她想到借助互联网来宣传。

注册了“新浪微博”后，张女士无意中发现有一个号召力极强的账号，叫“大话××”（××为张女士所在城市名），该账号不但搜罗美食、小物件等，也很乐于助人，经常帮忙打听一些信息。

张女士随即发布了小店信息，并请“大话××”帮忙转发，没几天，就有不少人通过微博找到了她的小店。通过这种方式，她为自己招揽了不少生意，加上平时喜欢自拍，又对这类互联网产品很熟悉，张女士也常常发一些“搞怪”的图片、信息，引得越来越多的人转发或是留言，短短几个月，张女士的账号就有几千名“粉丝”了，其中大部分是顾客。

张女士经常设计出不同花样的食物，不断改进口味，渐渐地，这家店在城中小有名气，顾客都是冲着“个性化甜品”过来的。

如今，顾客想要订蛋糕，会先通过微博告诉张女士想要什么式样，有些顾客会直接把图片拍下来，让张女士照着样子做，等蛋糕做好了，张女士还会携几名店员摆几个搞怪“POSE”，然后再@该客户，意思是蛋糕已经做好了，可以来取。张女士既风趣幽默，又非常时尚，完全符合当下年轻人的特点，所以也吸引了不少人的关注。

原本将店铺开在城南的她，已经赚得“第一桶金”，将要在城中心开一间分店，用张女士的话说：“我不需要打电话，就可以告诉任何一位顾客，小店值得你光顾。”

随着互联网的发展，大众可以随时随地表达自我，形式也趋向多样化。从简单的信息传播到表达自我，网络通信方式可以做到不断满足用户的需求，甚至赶在大众想到前又拿出了新方案。利用传统通信技术，根本无法满足大众的这类需求，所以网络通信产品才吸引了许多“粉丝”。

还有，互联网时代的传播具有“小众性”，可以让身处朋友圈的人相互保持更密切的联系，当然，前提是要能快速找到小众群体，才能进行“微出版”

和“自表达”。

小众群体形成后，用户就会在平台上发布信息，如果别人想要留言，直接写在留言区域就可以。豆瓣社区、天涯论坛等都属于这个性质，这些平台上经常会出现美文、美图等，甚至还评出了“豆瓣女神”“天涯四美”等人物，这些都是因为互联网支持推送小众信息才实现的。

互联网时代，我们不只关注大众群体，更要关注小众群体。

辨证3：把“通信业”做成便利店

如今的通信行业，若只提供一种服务的话，被淘汰是唯一的结局。

在人们的记忆中，通信就是让别人知道你的近况，了解你的想法；现如今，这已经完全不能满足大众的需求了。在网络技术不断发展的今天，通信行业也有了很多“新定义”。

首先就要说到“长尾效应”和“小众传播”，大众虽然听说过这些名词，却鲜少有人知道它们在通信行业中是如何被利用的。

过去，数据业务主要有“短信”“彩信”等，都是标准化、通道型业务，如今却往信息服务、流量经营的方向转型。各类内容平台、多样化业务逐渐出现，类似于：手机游戏、电子书、无线音乐等，它们都是“长尾效应”和“小众传播”的典型表现，由此看出，网络通信产品逐渐向小众方向发展。

基于网络平台上的该行业，会根据大众的需求，不断开发增值产品。就拿手机游戏来说，会先让用户体验，如果谁觉得好玩，就要花钱购买，当然，部分手机彩铃、手机报的运作，也遵循了这个做法。

可见，网络通信平台更加重视“体验式营销”，推出的也多是“低价、好玩、灵活”的产品，很容易让用户产生购买冲动，买与不买就是一瞬间的事情。从这个角度说，网络通信平台似乎不仅是沟通的地方，还是一家不错的“便利店”。过去，用户想要下载铃声、游戏等产品，一般要通过PC端，随着移动端的发展，用户已经可以直接通过移动端下载，加之移动浏览器的不断更新完善，下载的整个过程非常便捷。

与此同时，智能手机的更新速度也快得令人惊奇，人们越来越觉得手机就像一部迷你电脑，人们用手机上网、下载、查看文件的频率甚至比用手机打电话、发信息的次数还要高。面对这样的趋势，网络运营商会不断寻找更快的信息通道，其他公司也会尽可能设计出符合大众口味的产品。不过，这还只是互联网颠覆传统通信业的前奏。

作为一款主流手机浏览器，UC成为当下人们最常用的产品，几乎能做到“将互联网装入口袋”，这款由优视科技开发的产品，兼备多种联网方式，具有快速、稳定等特点，兼备多重功能。

UC是全球使用量最大的手机浏览器（全球使用人数超过4亿——2012年据泡泡网统计数据），可以为全球移动互联网用户提供智能手机上网服务。凭借优秀的团队，UC的技术一直保持领先，致力于打造“多快好省”的手机网络平台，一度被誉为全球移动互联网产业的“推手”。

UC最具有竞争力的是，它独有的U3内核与云端架构，可以做到智能、极速、安全、易扩展、省电、省流量等，支持用户进行在线阅读、看视频、上微博、玩游戏、网上购物等，是一个很强大的综合性移动互联平台。正因为能够给大众带来非常流畅的体验，所以到目前为止，UC 的全球下载量突破了 15 万亿次。

说到云端架构，UC 可谓非常自豪，因为这是保证它在移动互联网市场上站稳脚跟的核心技术。2011 年，UC 发布了名为 U3 的内核，又提升了手机上网的速度，同时呈现出非常完美的浏览器页面。U3 的出现被称为又一次“革命”，可见其作用是非常强大的。如今，UC 已经成为占市场份额最多的手机浏览器品牌，正慢慢影响着全世界互联网通信业。

当智能手机得到普及，移动互联网技术不断提升的时候，“通信”的意义正在悄悄扩大，甚至这些全新的“定义”会彻底改变大众的生活。

如今，人们的生活呈现多元化趋势，通信行业亦是如此。若无法带来更优质的体验，产品将很快被淘汰，所以，不同运营商都借助强大的互联网平台，尽可能地凸显自身优势，让用户有最好的体验。传统通信业只能站在一旁看着，因为这场游戏似乎与它毫无关系。

从这个角度看，网络通信业随着互联网技术的发展，已经从“产品”变成了“平台”，正因为每个要素的背后都可以延伸出一长串附加功能，所以才会有企业对此进行积极开发，致力于满足大众的需求。很显然，如今的消费者已经不再满足于通信本身了，他们需要更有个性的服务和更便捷的休闲方式。

在互联网通信品牌竞争激烈的当下，各公司时常会推出各种优惠和返利活动，例如，中国移动推出的 M 值积分活动，能够对消费者进行适时返利，还时常推出“预存话费分月返还”活动，这类活动也受到很多人的青睐。

由此看出，互联网通信行业正在细分市场，而每一个模块又在认真打造消费者喜欢的东西，并不断开创新型通信方式，积极改变大众的生活。传统通信行业如果无法跳出思维定式，可能马上会被淘汰，这不得不引起传统通信行业的重视。

跳出思维定势，是每一个从业者必须的选择。

二 沉着应对：魔高一尺，道高一丈

施治之方1：危机就是转机——转型，传统通信业走向综合信息业

不必惧怕危机，那也许是个转机。

截至2013年年底，中国手机网民数量超过5亿人，占总体网民数量的70%以上。不得不说，基于互联网平台的现代通信业，正不断改变人们的生活。传统行业应当把握契机，做好企业转型工作，力争完成向综合信息业的改革。

对于那些还没有接触互联网的企业来说，要不就抛弃原来的技术，逐渐投身到新技术的运用中，要不就寻求合作与并购的机会，借助大型互联网通信企业来一次信息技术的改革。企业必须在充分认识自身条件的前提下，选择更适合的办法。

实际上，互联网通信业是在传统行业基础上发展起来的，一些新兴企业将原来的技术进行革新，通过发展社区平台应用，逐渐深度融合终端；而传统通信业还停留在基础阶段，无法满足用户不断变化的需求。如果能像互联网一样不断升级、融合，传统行业就有新生的可能。

由此可见，传统行业想要过渡到综合信息业，必须对原有的业务进行改进。

传统企业必须运用互联网思维，对现有的管理模式进行调整，借助互联网平台的优势，增强传统企业通信功能，以满足用户的需求为基础，尽可能打造个性化服务，积极推出更加新颖的应用软件。

值得一提的是，目前市面上很多通信平台上的软件都存在雷同，虽然有企业不断推出新产品，但由于产品缺乏认知度，很多产品缺乏市场。想要解决这个问题，各企业就必须设计出令用户耳目一新的产品，越是有特色的服务，越能打动对方，这也是传统企业扭转局面的重要环节。传统通信业务的软件和硬件产品明显落后了，无法满足用户的个性化需求，所以，当务之急是要增加传统企业的服务弹性。除此之外，还要加强与终端厂商的合作，不仅对技术进行升级，还要用标准化的眼光调整当前通信模块，提高大众使用手机通信的频率。做到这些还远远不够，因为综合信息平台必须有集成网络应用社区，这才是形成新通信产业链的必经之路。

再看看互联网企业是如何做的：将大部分精力用在软件开发上，而硬件与互联网起到了“平台”作用。传统企业虽然无法在很短的时间内实现转变，但传统企业的管理者要向这个方向靠拢，改变经营理念，重点研究用户的需求，并推出用户需要的产品。只有先进行定位，才能从用户的角度出发，用户的兴趣是衡量通信产品是否达标的唯一标准。传统企业为了抢占更多市场份额，必须先弄清楚用户的需求，等到产品公布后，还应注意与用户的互动，保持沟通是为了得到对方最真实的评价。长此以往，传统企业也能为自己和用户之间搭建起平台，以便对用户的兴趣进行“跟踪”。

与互联网企业相比，传统通信企业具有一定优势，单说它之前提供的运营设备绝大部分非常稳定，包括信息平台、软交换平台等，都曾为大众的工作、生活提供了交流空间，加之网络适配率很高，用户覆盖面也广。所以调整管理模式的过程中，就需要保留这些优势，并进行智能管道升级，多方面要素合为一体，传统企业才能从中获利。

当然，互联网企业也还有很多值得传统企业学习的地方。例如，大数据下的用户管理，能随时掌握用户的动向。而传统通信企业若也能做好用户管理工作，将有利于保障其业务的稳定，帮助用户筛选和屏蔽掉垃圾信息，保存好通信记录，为用户提供更个性化的服务。这项工作在建立初期会令企业有些不习惯，一旦体系建立起来后，将会有一劳永逸的效果。

用户关系链的建设，将会对传统通信行业起深远影响，企业可以通过主动向用户推荐产品，从而拓展关系链规模，最终形成社区。把有相同兴趣和习惯的用户集合到一起，这时候，企业想要再次推销自有产品的时候，就比之前方便多了。

此外，传统通信企业还必须重视对终端的管理，改变之前“轻服务、重内容”的定制策略，将企业定位为“服务型”企业，并且要拿出一些服务含量高的产品，这被业内称为“深度定制”。对类似于“短信”“语音”“通讯录”等基础产品进行升级改造，令其更加人性化。当终端系统具备更大兼容性的时候，传统企业所提供的服务标准便上升了，这样做有两点好处：第一，提升这类企业的竞争力；第二，降低企业的研发成本。正因为终端是与用户最近的端口，所以它的质量就成了用户衡量品牌价值的另一个重要标准。

众所周知，传统通信企业必须转型，变成综合性信息平台，但并不是说企业就得丢掉原先的业务。实际上，不论采取什么方式对企业原有的业务和管理模式进行调整，都要牢牢把握核心业务——通信产品，不管过去、现在、将来，这都是能给企业带来主要受益的要素，变革也应当基于这些产品。

所以，在保留原有核心业务的基础上进行变革是最关键的。对于传统通信企业来说，既要掌握用户的需求，也要一边对核心业务进行升级，一边拓展新领域，当新旧产品能融合到一起的时候，传统企业才算真正过渡为“综合通信业”。

对于传统通信业来说，在提升原有技术的同时，大力拓展新兴业务，才是生存之本。

施治之方 2：人“财”并重——既要招募人才，又要开源节流

舍得对人才进行投资，才能增加利润。

当互联网深深影响通信业的时候，传统运营商必须通过有效方式，改变当下的情况。让企业增加利润的重要途径就是合理使用人才，并做好开源节流工作。

中国通信运营商存在的这十几年中，表面上已经完成向市场化过渡的工作，但实际情况并不容乐观。作为企业的核心部分，通信业人才的流动还保持在行业内部，几乎没有出现人才市场化的情况，即便有，也只是那些身处一线的劳务工人，由于工作的含金量不高，所以对通信业整体影响并不大。

众所周知，互联网通信业的发展，离不开优秀人才团队的支持，不少虚拟运营商会从传统行业挖掘人才，导致后者出现人才短缺。此时，传统

运营商需要从市场上广泛招募人才，甚至可以从虚拟运营商那里再把人才拉过来。

不少人觉得，这种做法无疑提高了企业的成本，本来这几年日子就不好过，如今还要高薪聘请员工，企业恐怕很难招架得住。

但事实并非如此，虽然招募人才可能会增加成本，但从长远来看，只有人才才能为企业带来效益。首先，越是优秀者越能够为企业带来利润；其次，想要留住他们，高薪并非是唯一选择，需要企业给出明确的人才计划，对他们给予充分肯定和尊重，加之建立完善的薪酬体系和激励计划，都会增加他们的归属感。

Y 企业是一家传统通信产品运营商，最早开始做交换机，后来为大型通信企业制造配套产品。虽然前些年经营状况还不错，但随着互联网的兴起，Y 企业明显觉得自己“跟不上时代”了。

眼看业务量不断减少，公司上下都人心惶惶，员工生怕被裁员，老板同样很着急。某个周五，老板收到一位高管的辞职信，早就听闻高管要去另一家互联网企业任职，没想到是真的，他离职后，公司的运营状况比之前更差…… 后来，老板亲自挖来一名管理者，这名管理者不仅有丰富的经验，在业内的口碑也非常好，至于他为什么愿意在这里上班，其他员工都百思不得其解。原来，Y 企业的老板和他是老乡，老板知道他是个重情义的人，于是找到他，将自己的想法告诉他，希望能够得到帮助。

Y 企业老板了解到，他虽然目前的薪水很可观，但并不是所在团队的领导。由于相识已久，Y 企业老板非常清楚他的性格，他喜欢成为领导者。于是，老板开出这样的条件：薪水与原来保持不变，但聘请他为总经理，除了老板之外，全公司都得听他的。就这样，Y 企业终于找到了一位优秀的管理者，公司面貌很快得到改善，经营业绩也有所提升。

除了要引进人才，传统企业还需要控制好成本。当下，通信市场已经接近饱和状态，就连移动、联通、电信等知名运营商也逐渐处于低速发展期，所以要积极寻找合作伙伴，并实现互惠互利。

目前，部分地区就出现运营商与银行等单位合作的情况：只要将规定数额的钱以定期的方式存在指定银行，就能免费领取最新式样的智能手机。

不同银行和运营商所制订的标准不一样，但都可以让顾客获得收益，虽然这种方式所领取的手机通常有“每月最低消费”的限制，但顾客可以根据自己的需求，自主选择不同类型的手机。

想要与互联网通信企业抗衡，就必须拥有创新的产品，在培养人才方面，需要将“业务创新力”提上日程，重视用户体验，对产品进行颠覆性改造。企业应鼓励员工去发现、分析、想象，从理念开始改变自己，以便设计和制造出更富有创意的产品；相反，企业若不敢想、不敢做，就会因缺少创造力而停滞不前。

实际上，产品从构思、设计到生产制作，是一个完整的过程，如果能形成产业链最好，这样企业就会更有竞争力。传统运营商要保持敏锐的观察力，用“不满意”的眼光看现有产品，经常去分析用户的习惯，看看网络接口是否需要调整，是否要重新设计计费规则，用户的喜好是否已经改变……企业的“为什么”越多，产品就越令人满意。

当然，产品的营销过程同样关系到利润，所以管理者都在想，如何让产品卖出好价钱。

在产业化当道的今天，只销售自己的产品会显得过于单薄，不妨同虚拟运营商结合，目的是为了开拓市场。同时加紧人才梯队的建设，完善招聘和内部培训机制。这样一来，企业既有了优质的产品，另一方面又打开了销售渠道。

值得一提的是，国外通信行业已经完成对市场的细分，在进行产品设计和销售的时候，更加能做到有的放矢，极大提升了工作效率。而国内通信业在这方面做得并不好，缺乏对细分市场的梳理，会导致企业运营成本增加。互联网之所以有这么强劲的势头，主要原因在于大数据的投放和使用，让运营商在更新产品及其销售的时候，更能瞄准目标。

所以，传统运营商对目的客户的细分，是马上需要进行的工作，而完成一切预计工作的前提，是企业要积极引进真正优质的人才，并拿出相关薪酬和激励政策。

对传统运营商来说，引进人才，开源节流，二者缺一不可。

施治之方3：内外兼修——硬件、软件、通道、平台，一个都不能少

传统运营商在改革的过程中，不能回避自己已陷入多重困难的现实。

传统通信运营商正面临革新过程中的困境，似乎需要改变的太多了，不知从哪里入手。不妨先抓住几个核心要素，看看是否需要调整，剩下的要素往往自己会变成运营商想要的模样。

首先是硬件方面，不少传统运营商是靠做早期通信、网络设备起家的，所以自认为这方面没有问题，而事实并非他们想象中这样。

互联网企业的代名词分别是：新、快、准，能做到这些，不仅在于投入大量资金和人力，还在于互联网从业者的观念：每天都在更新换代。

鉴于此，传统企业应当踏踏实实做好对硬件的检查与更新工作。如今，任何通信产品的核心部件都在向 CPU 过渡，谁的硬件容量更大、速度更快，谁就能在市场中站稳脚跟。

当传统企业对硬件的要求逐步提升后，就应当将更多注意力放在软件上，这两者相比之下，似乎后者更难把握一些。

对于硬件的设计和制造，运营商几乎都有自己的标准，一旦制订了标准，再去设计和生产就容易了。但软件的设计不一样，需要弄清楚用户喜欢什么，以提升他们的体验感为目标。

有时候可能只需做微调，有时候则需要做较大的调整，总之，要先摸清用户的需求，当软件能最大化满足用户需要，则证明其非常有弹性。想要做到这一点，必须对现有功能有系统化理解，及时找出不足，并对功能进行融合、规整、添加、提高，使得产品满足用户要求。

当然，通信行业还需注重对“管道”的建设，这是完善服务设备的重要途径。在过去，运营商总以粗放型模式来管理企业，导致无法提供精准的服务，而互联网行业正因为克服了该缺点，所以受到大众的欢迎。

当传统运营商能够借鉴这种做法的时候，就需要借助智能管道，从而将管理模式演变成“精细模式”，避免因同质化情况明显而降低企业的利润。

A 企业是一家老牌通信运营商，虽然不断推出新产品，但由于其他互联网通信运营商同样不断更新产品和服务，导致其业绩出现停滞不前的情况。这时候，管理层需要马上对现有的模式进行调整。

为了实现业务创新和转型，A 企业致力于打造更完善的网络平台，它提出“智能”的要求，尽力提升业务感知、流量优化等服务。

此外，对智能通道的建设也在紧锣密鼓地展开，在对用户进行分类后，为他们建立专门的“通道”，而从这些通道中传输的数据都是用户需要的，所以会给人方便、简洁的感觉。

互联网通信业的发展，是建立在差异化平台上的，用户所需要的东西不一样，因此不能进行统一传送。从这个角度说，智能通道的建立就有很重要的现实意义。

然而，所有人最终的目光会集中于平台，这关系到企业能否提供更完善的服务。在不少传统运营商心中，做产品是最重要的，尤其是早些年发家的企业，这种想法更加强烈。此时，他们的观念应当得到改变，在提升产品和服务质量的同时，还要注重平台的建设和完善，以便收集和安排好那些零散的要素。

面对互联网的强势攻击，传统通信业运营商要想屹立不倒，关键在于建立一套完整的体系，并着重注意对硬件、软件、管道、平台的完善。

由此可见，对于传统通信业运营商来说，硬件、软件、管道、平台，一个都不能少。

下篇

off the line

第八章 ╱ 邮递员少了，快递员多了

——邮局会变成古董吗

过去，身着绿色制服、骑着绿色自行车的邮递员曾是城乡间常见的风景，他们穿梭于城市的大街小巷，为人们带来远方的问候与挂念。然而随着互联网业的兴起，邮递员越来越少，取而代之的是开着货车或是骑着电动车的、来去匆匆的快递员。这种改变，是否在暗示着我们，邮局已沦落成老古董呢?

一 残酷的现实：传统行业折戟沉沙

辨证1：我的快递我做主

现代物流业，我的快递我做主。

过去，人们提及“邮寄”，一定会非常头疼，不仅要把东西拿到邮局，还得经过漫长的等待时间。收包裹的人同样头疼，可能要去离家很远的邮局取货，这个过程中，谁也不知道包裹经过了哪些地方……由此一来，它就成了人们的“惦记”。

近几年，随着现代物流业的发展，这些现象渐渐消失，人们开始享受新物流业带来的优质服务：一个电话，快递员就会上门取件；根据快递单上的编号，消费者能随时知道包裹的位置；到达目的地后，同样由快递员派件上门。对于消费者来说，无须过多烦心，包裹就能寄出或是到达手中。

有人说："新物流行业是在电商平台上建立起来的。"确实，电商的发展离不开物流业的支持，这个过程中，各物流商也在提升自己的营运水平，逐渐形成规范、高效的物流市场。

2012 年，民营物流企业已经占据 70%的市场份额（据网易财经报道），虽然 2013 年没有给出相关数据，但就目前的形势发展来看，新物流行业正在大口大口地瓜分市场，互联网的每一次提速，都给新物流行业创造了机会。在这个基础上，各个物流商也在不断更新自己的内部网络，使得更能顺应行业发展。

顺丰速运成立于 1993 年，是一家主营国内、国际快递及相关业务的服务性企业，到目前为止，它已经完成了全球 200 多个国家、全国 2000 多个省、市、县的辐射范围，堪称国内最大的民营物流商。

能够成为物流行业的领头军，顺丰自有一套其自建的服务网络，具有服务标准统一、服务质量稳定、安全性能高的特点，客户的利益得到保障，是企业获得利润的前提。

顺丰自成立以来，每年都会花巨资完善内部服务网络，从广东中山开始，逐渐在珠三角立足，然后将范围扩大至长三角，再向华东、华北、华中等地蔓延。当国内业务区域完善后，顺丰又将目光瞄向了境外，如今，顺丰的国际业务同样做得如火如荼。

新物流行业的经营模式大体分为三种：门店自营、连锁加盟、业务外包，顺丰速运当然也不例外，它的所有门店均属于自营，命名为"分点部"，上面有分部，再上面是区部……

优秀的组织结构，是令顺丰成功的助力，但真正起管理作用的，是互联网技术。由于顺丰网点众多，所以必须运用网络技术，从而保证信息的快速传递，顺丰的任何点部都会配备电脑，不论物件信息，还是上级下达任务，内部网络都可以及时反映出来。这对顺丰提升业务水平有很大帮助，并且令工作更加细分，可以跟踪到每一笔订单。

电商平台中，很多商家会选择使用顺丰，虽然价格偏高，但它的整体服务质量是最高的。顺丰也表示，非常乐意与阿里巴巴等品牌电商合作，因为电商是现代贸易趋势，想要做大做强，就必须成为它们最可靠的后盾。

由此看出，新物流业的发展离不开互联网技术，包裹在不断转送的同时，网络可以对其进行跟踪，说得形象一点，它们就像一个个“不会断线”的风筝。正因为如此，电商企业才能够对客户说：“货物已发出，请查询物流。”

不论对于物流商还是客户，都处于互联网平台中，信息是可以共享的。在客户看来，能随时知道包裹的位置，不仅确保其安全，更重要的是合理安排自己的时间。例如，早上打开电脑，发现包裹已经在派件，就要留半天时间等包裹，或是与别人打招呼，让别人帮忙收一下。这样一来，人们的生活就会方便很多，这就是互联网带来的好处。

随着电商的发展，使用该平台做生意的人也渐渐意识到，“物流”已经成为衡量商家服务质量的要素之一，通过顾客的评价，能够对商家选择哪个品牌的快递起到参考作用，这就让物流行业陷入激烈的竞争中。谁能让客户有更好的体验，谁就有可能成为行业老大。此时，邮局被远远甩在后面，因为它无法与互联网融合在一起。

从宏观的角度看，随着互联网平台的延伸和完善，加之电商的快速发展，国内民营物流企业正处于最好的时期，因此能得以快速发展。传统行业目前所占市场份额正不断缩水，若想控制住局面，或是对此进行扭转，就必须尽早找到对策。

有了便捷高效，又能时刻查询的现代物流，谁还会把包裹送到邮局？

辨证2：物流是个大的平台

现代物流业并不提供单一的产品，它是一个巨大的货物传递平台。

随着电商的发展，物流似乎从“产品”变成了“平台”，几乎让所有人刮目相看，也令做物流的老板们不得不接招。这样一来，物流行业的互联网化就从“小打小闹”变成了“时代潮流”。在这种背景下，只有率先完成互联网化的物流企业，才能分得更多成果，最终成为电商平台中的支柱之一。

近几年的电商纷纷将目光投向物流行业，《商业价值》杂志中提到了一个很形象的比喻：“2010年国内电子商务的火爆，在新年之际却被狠狠地踩了一脚刹车。”谁干的？当然是有些跟不上发展步伐的物流服务。

早在七八年前，阿里巴巴还没有这么火的时候，有些物流企业就已经意识到，传统物流行业必须改变，从为企业配送到为个人配送，这是大势所趋。不少物流商做到了，所以他们逐渐确保了自己在行业中的领先地位。

国内现代物流业是20世纪90年代末兴起的，这期间，一直流传着“宝供物流”的故事，讲述了一个民营物流企业如何通过借助互联网获得成功的故事。

宝供物流集团于1994年成立，是国内第一家在工商部门注册的物流企业，经过多年发展，依然保持领先地位，先后在全国设有7个分公司、8个子公司和50多个办事处，形成一个覆盖国内外的物流操作网络，并与近百家大型企业结成联盟关系，是全国最优秀的物流企业之一。

宝供之所以能做到这么好，关键在于它以市场需求为导向，不断进行物流系统的优化，借助当下最流行的互联网平台，把最优秀的资源整合到一起，所以能做到为客户提供供应链一体化服务。信息技术方面，宝供有两张网，"天网"——信息网络，"地网"——运作网络。说到这两张网，宝供一直将它们看成"制胜法宝"。"天网"为企业开创了非常先进的物流信息系统，该系统分为"订单管理"和"仓库管理"，令企业运作保持自动化和可视化。而"地网"主要负责运输、配送和物流基地的网路，使得包裹在可控制的情况下运送，能做到快捷、安全、低成本。

作为物流商，宝供的信息化水平是促使它获得成功的重要因素，其信息化进程大体分为三阶段：

1997—1998年，借助互联网平台建立物流系统；

1999—2001年，建立EDI（电子数据交易），与客户实现数据对接；

2002—2003年，建立B2B平台，加紧与客户结成供应链一体化合作。

虽然第二、第三阶段是令宝供有今日成绩的重要过渡期，但关键之年却是在1997年。当时，宝供选择了北京英泰奈特公司，为其开发一款物流信息管理系统，1998年正式使用，并为客户开放了"运输信息查询功能"，这是具有里程碑意义的，让客户坐在办公室就了解货物的运输情况，对于那时的人们来说，实在是太方便了。

后来，宝供的信息系统不断完善，所以才令众多商家与其签订了合作协议。到目前为止，宝供每年还是会投入很多资金在完善信息系统上面，他们计划在现有基础上建造一个连接主要城市的干线网络，与区域配送、城市配送相结合，形成三级联动的分销配送体系，让工作效率大大提高。

到目前为止，全国已经有很多家物流企业，但真正具备供应链的却不多，原因就在于它们无法将互联网平台上的优势集中起来，大家都知道要从 B（指企业）转到 C（消费者），却不知道其中所要经历的过程。

这不是一次简单的需求转移，而是将市场需求放大上百倍，电商正以超快的速度扩展业务渠道，物流一旦跟不上，市场需求就得不到满足。

好在已经有企业意识到这一点，所以国内出现了好几个类似于“顺丰”“宝供”的物流商，其他公司也正朝着该方向迈进。等到新物流完全形成“高效”“低成本”“超强服务”的时候，传统行业就会彻底被逼到墙角。

可见，新物流业并不是一个“产品”，应当给予其准确定义——“平台”，在这个平台上，能看清楚市场需求，同时要将订单、仓库分拣、标签、运输和末端配送联系到一起，这才是客户的需求链。谁能看得清需求，就会为下一步工作定下“框架”，如果后面的工作完成得好，客户才有可能真正满意。

很多人将物流简单地看成“快递”，这样太片面化了，电商模式下的物流服务远远不止快递，因为大众不仅会在网上买衣服和鞋子，还有可能订购鲜花、生鲜、家具、家电、汽车等，那么就需要其他形式的物流，可见物流平台是非常庞大的，而类似于“冷链物流”“零担快运”等，都需要借助互联网。能够用快递运送的，大部分是普通货物，而其他形式的物流，多半要运送较为贵重的货物，或是与大型批发商、零售商合作，这就更需要互联网的支持，只有这样才能保证供应链处于“高效低价”的环境中。可见，互联网不仅对电商发展起到唯一关键作用，还对新物流业的发展起到唯一关键作用。

不要觉得“电商才能配新物流”，传统物流业同样可以为传统行业服务，这种观点是错误的。即便是零售型商店，同样配备了电脑，他们也需要看货物到达什么地方了，同时需要用最短时间将货物入库，因为分分钟都是钞票。由此可见，新物流才是当下的主流，传统物流业逐渐被遗忘在时代里。

在互联网的助力下，新物流业更是如虎添翼。

辨证 3：没有互联网，想都不要想

离了互联网，传统物流连模仿的门都找不到。

传统物流只是将产品运送到目的地，是个非常单一的过程，没有太多要素介入；而新物流却是一个完善的平台，上面存在着众多信息，却能给予客户更好的体验。

新物流既能满足客户的需求，又能最大限度地减少物流成本，这是传统行业无法做到的，并且也学不来。因为到目前为止，还没有任何一样东西能代替互联网成为行业进步的力量。

新物流之所以能成为主流，关键在于它对信息的收集和处理是在一个完善的系统中进行的。例如，物流商收到货物，会通过扫条码将该货物的信息录入系统中，它到哪里，客户都可以看到；商家看到的信息则更加完整，这是确保货物安全的第一步。再分别用不同的运输方式运送，当物流末端收到货物，也会根据其品种选择不同的投递方式，就可以节约物流商的成本。

如果说传统物流只能提供货物移送服务的话，新物流的服务范围就广了很多，拥有多种增值服务的它们，能够给客户带来很多方便。说到这里，不得不提两种新物流在服务形态上的改变，它是一种主动服务的状态，而传统物流却是在被动服务，在客户如此重视“体验感”的当下，不能给受众提供良好服务，就等于放弃了销售渠道。

说到新物流，必定要谈起信息管理，身处互联网平台，人只要管理信息就可以了，不必再花很大力气管理货物。管理货物是传统物流业的做法，所以它们的效率低，而新物流的效率高。

试想，电商模式下，商家都是往全国各地发货，买方也要接收来自各个地方的货物，如果拖个十来天才收到，肯定会耽误事。既然“服务”是衡量物流业的重要标准，那么，传统物流在这方面就显得有些吃力，因为它没有统一的标准，新物流则有，因为传统物流将人力资源都留在运输环节中了，导致服务环节缺失。

新物流发展起来后，它从只承载点到点或是线到线的业务，发展到能够辐射全球，目前已有不少物流商将业务扩展到了海外。

还有，传统物流处于单一环节管理状态，而新物流则是整体系统管理，后者更加优化，而形成这个局面的主要因素还是互联网。因为在互联网平台中，散落在不同地方的要素会自动链接成一条线上的东西。

成立于 2002 年的中国远洋物流是中远集团全资控股子公司，中远物流不仅设有 8 家区域公司，还设立了 400 多个业务分支机构，加上在其他国家设立的分支机构，该公司已经与几十个国家签订了货运代理企业的长期合同，网络遍布全球。

中远物流在成立初期就将市场需求放在首位，致力于打造“专业型代理”和“个性化服务”，尤其是在建立了完善的网络平台后，企业更是将客户的要求摸得透彻，无论市场动向如何改变，中远都能很快反应。

中远物流在将互联网要素加入其中后，有效地将货运、空运、船舶代理等资源有效地整合到了一起，网络是基础，海陆空通道是架构，船舶运输和其他物流形式是核心。这样一来，中远就建立起完善的物流平台，服务质量也随之提升。

由于中远物流的辐射范围较广，所以网络平台就显得格外重要了。截至目前，它已经在国内建立了300多个网点，海外业务网点也非常多。客户的商品只要一下线，就能马上被运送到中远物流平台上，不论发到位于何处的经销商，企业都能全程跟踪。长期以来，高效、低价是客户选择中远的理由。

中远物流之所以能成功，原因在于它借助了互联网平台。目前，国内有很多物流商都运用这样的方式，令企业反应速度快，功能更加集中，这些优势促成企业保持优质的服务。

随着物流供应链的完善，服务提供者对上下游及其配送需求的处理速度越来越快。例如，原本需要两天才能送达的货物，现在不到一天就能送到，更加节约了物流商的成本，货物在“路上”的时间变短，对供应链上的任何一方都有好处。

物流反应速度快，主要得益于网络平台将物流环节上的功能集成化，上一个环节的工作会被带入下一个环节中，加之物流平台上的信息能够共享，令新物流比传统物流更能集中优势力量。

当互联网将物流环节简化成一条线，并且采用信息化管理的时候，人力资源就能得到更好利用。信息系统被建立起来后，员工只需录入信息就可以了，运输环节都是机械化操作。这样一来，人员管理更加轻松、统一，有助于形成标准化服务，这是客户需要的，传统物流业却做不到。

与传统物流相比，新物流是一个集成化平台，其中包含太多要素。随着平台的完善，这些要素会变成一个个“队列”，令操作过程更加规范。程序化工作平台不仅节约成本，还给客户留下良好的印象。

此外，这里还要提到“物流目标”，传统物流只是将产品运到目的地，目的具有单一性，似乎只是运输任务而已。而新物流却是在互联网平台上建立的，能满足客户的更多需求，此时，物流商就会系统地筹划物流活动，意在做到令自己和客户都满意。时间久了，交易双方的目标逐渐统一，合作就能长久保持下去，这同样是传统物流学不来的。

由此看来，传统物流想要模仿新物流，几乎是不可能的。因为后者具有它没有的要素——互联网，这是新物流获得成功的要诀。掌握了这个要诀，物流商才有“资本”去做好各个环节的建设。

现在，你是不是应该学习一些互联网物流的新经验了？

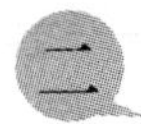

二 沉着应对：魔高一尺，道高一丈

施治之方 1：大刀阔斧——堡垒要从内部攻破

互联网时代，传统物流业也要着力打造“新环境”。

现代物流是基于互联网而发展起来的，所以传统物流业在它面前似乎缺点很多。面对前者的强势发展，后者到底要如何做才能摆脱当下的困境，从而有能力参与竞争呢？有人给出这样的回答：为传统物流业打造“新环境”。

所谓“新环境”，就是对目前已有的情况进行整理，抛弃落后的东西，再从别人那里借鉴新生事物，为传统企业的发展增添动力。

不论什么行业，都离不开人为操作，所以要将更多优秀人才引进来，这是对企业内部环境进行改善的前提。

不少人觉得：引进人才还不简单吗？企业自主招聘，或是求助猎头公司，就会有人“送上门”的。

实际上，传统物流业想要吸纳人才并非易事，尤其是还没建立起任何互联网痕迹的公司，找一个合适的人来管理，有可能会花费很长时间。

尽管如此，企业还是需要马上投入对原有工作的改造中，哪怕只找到一个专业型人才，革新工作开展得越早，传统企业在市场中的地位就越稳固。

P公司成立至今已有六七年时间了，老板白手起家，将企业从“两部货车”一直做到今天的规模，一切都源于他们的勤劳。但在互联网盛行的今天，只有初中文化的老板没了辙，他不懂网络，导致业务量慢慢减少。

为了解决这个困难，P公司高薪聘请了两名有相关从业经验的员工，由他们将公司的内部网建立起来。

老板是个很勤奋好学的人，在构建内部网络的时候，他不断向这两名员工讨教，还组织其他员工都来学习使用该软件，等到网络建好后，他要求每个人都使用这个系统。

当企业开始在内部网络的管理下逐渐呈现新面貌的时候，不少员工都以为这样就够了。但老板还有更高想法，他觉得目前的体系并不完善，所以经常看相关书籍，并和员工讨论，希望将公司的运营体系建立得更加完善。

可见，传统企业想要得到发展，必须融入新元素。与过去的管理相比，在互联网平台上形成的新型管理模式将会给企业带来新希望，但并不是说直接将管理模式照搬过来就行了，还需要先让企业有适合的环境。

案例中的企业，就是在向新型公司过渡前，先让自己拥有管理的能力。P企业是很具有代表性的，反映了当下不少小型物流商的情况，其做法很值得借鉴。

除了“软实力”方面，传统企业的硬件是否过硬，同样影响着它的发展。其中，对管理软件的选择就是非常重要的方面。

通常情况下，人们都觉得管理者只要能弄清企业状况就可以了，因为是由他们选择使用何种软件。事实上，令员工看清企业的现状同样非常重要。在内部网络建成后，需要员工进行操作，如果员工连状况都搞不清，很难领会肩上的责任，管理系统就失去了一半意义。

所以说，传统物流企业在向现代物流企业过渡的时候，一定要先做好准备，不可盲目进行，以免因不适用而导致适得其反的结果。互联网企业之所以能迅速发展，其中一个原因就在于，企业中的每一名员工都明白公司目标、个人目标，如果连公司想做什么、自己应该做什么都不知道，或是无法将两者结合到一起，恐怕很难完成改变。当然，拥有人才一定是每个企业都渴望的，不妨在招兵买马的同时，对现有员工进行系统化培养，以便成为管理者的得力助手。

当企业已经做好转型的准备，就需要马上开始大刀阔斧的革新工作了，这个过程中，应做到善用人才，多开发管理软件的功能，争取将每一名员工都调动起来。

人才是传统物流业改革的前提，要学会调动人才甚至是每一位员工的积极性。

施治之方 2：就近原则——从最近的地方发货

就近发货，才是最高效的物流原则。

随着电子商务的高速发展，物流成为连接卖家与消费者之间的直接桥梁，物流业也进入了飞速发展的阶段。然而，电子商务订单的增多，让“爆仓”成为越来越多物流企业的困扰。尤其是 2013 年以来，随着税制的改变，以及物流成本的持续增高，物流企业的利润空间也越来越小。非标准化、“小、散、漫”的行业现状更是让物流行业饱受争议。

青岛某物流咨询公司总经理在接受采访时表示，在刚刚过去的 2013 年里，其公司主要从事的是物流园区的策划和物流企业的信息服务，而在 2014 年，公司将会把一部分重心转移到为企业提供 O2O 战略信息服务上。针对物流业的现状，O2O 成了很多物流企业的共同选择。

O2O 也就是 Online To Offline，指的是线上与线下相结合的一种业务模式。在这一概念中，互联网实际上成为了线下交易的平台，其概念其实相当广泛，只要产业链同时涉及线上和线下，就可以被纳入 O2O 之中。

在电子商务不断发展的今大，互联网越来越成为销售、营销、客服、售后的主要平台，而物流行业如果继续局限于线下的发展，则必然会被互联网时代的巨轮碾压而过。如何将自己的业务扩展到线上，将 O2O 纳入自己的业务模式中，成为大多数物流企业所要解决的难题。

“双十一”是阿里巴巴为消费者们开创的“网上购物节”，从 2009 年开始，每年的 11 月 11 日，就成为电子商务“峰值”出现的节点。虽然“双十一”让买家与卖家都尝到了甜头，但处于中间的物流反而陷入苦恼之中。各大物流公司纷纷增加自己的飞机、扩招快递员，但其扩增的速度明显赶不上电子商务的发展速度，尤其是在“双十一”时期，“爆仓”的问题更是频发。

在 2013 年的“双十一”时，物流已经不再成为大家关注的问题，因为它必然会成为一个问题！在 2013 年“双十一”之前，天猫就称要试水“O2O”，但这一概念从提出到现在，其实还没有在整个市场上得到明确。很多消费者对于 O2O 的认识就是，在线下扫描二维码获得优惠券，从而享受实体消费的优惠。但这样简单粗暴的 O2O 模式，却让实体商家感到愤怒，他们感到自己正在沦为“线下试衣间”的角色，包括富森美家具在内的 19 家家具卖场，更是明确发表声明表示抵制这一模式。

在这种情况下，天猫对于 O2O 的第一次试水以失败告终。但在这场“雷声大雨点小”的试水中，有一家店家却受到了大家的关注。早在“双十一”

到来之前，这家店铺就发布公告，“双十一当天下单，24小时未送达就全额免单”！这一宣言让很多消费者、同行感到惊讶，不懂他们怎么敢许下这样的诺言。然而，到了“双十一”这天，所有人的下巴都为之“脱了一节”。在“双十一”这天，在这家店铺的评价中，很快就出现了关于当天收货的评论。而在这些评价之中，最早收货的竟然就在11日上午7点35分！

在众多物流企业普遍陷入“爆仓”的苦恼中时，这家店铺是怎样实现这样的“神速”的呢？经过观察研究，我们发现，这家店铺根本就不是纯粹的电商企业，而是制造企业的线上店铺。这家企业在全国120多个城市拥有接近400家专卖店！对于“双十一”的订单，企业在后台处理之后，将买家的购物信息发给离买家最近的专卖店，由他们就近配送！也就是说，在这场“物流大战”中，当其他物流企业通宵处理订单的时候，这家企业的配送员还在睡觉；当其他物流企业的货物早早地上了飞机时，这家企业的配送员才开始送货。这家企业的配送员是7点钟上班，也就是说，其第一笔订单的配送成功实际上只耗费了35分钟的时间！

这就是O2O的魅力所在，买家在互联网上查看商品信息，在比货、比价后下单；卖家只需做前期推广、后期服务，在接到订单后将信息发给全国的厂家或经销商；厂家或经销商只需制订好规则、生产好商品，就能在收到信息后实现就近配送。

物流行业的发展为什么会越来越困难？正在于其对O2O模式的忽视！举个例子，上海的一个店家需要广州的某种产品，于是上海的店家从广州进货之后，又将商品卖给厦门的一个买家。商品就这么从广州跑到上海，又跑到厦门，而在O2O模式之下，物流只需跑一趟广州到厦门的短途！

当然，O2O模式的实现并不是物流企业本身可以实现的，但物流企业作为电子商务发展的重要环节，在O2O模式的推广之中，有着重要的发言权。

而物流企业所要考虑的也正是，怎样利用自己的话语权将 O2O 推广到全行业，让全行业为之享受到高效、便捷的效益？

O2O 原来也可以用于传统物流行业中。

施治之方 3：反弹琵琶——快节奏的时代，何妨一“慢”

不能快递，何不慢递？

当很多物流企业开始为如何提高自己的快递速度、增加自己的快递规模而焦虑时，作为中国物流业的先行者，邮局越来越成为“古董”般的存在。随着现代通信技术的不断发展，信件离我们的生活已经越来越远，我们的邮箱常年处于封锁状态，直到邮箱生锈，我们也不会去找那把不知丢到哪里去的钥匙。

不知道从什么时候开始，快递已经成为与每个人生活息息相关的行业，快节奏的生活节奏，让物流企业也不得不不断提高自己的物流速度。而正是在这样的社会背景下，一个全新的物流行业却悄然诞生了，那就是“慢递”！

当消费者越来越抱怨快递太慢时，有的物流公司则干脆“一慢到底”，做起了“慢递”。所谓的慢递，其实就是“写给未来的信”。可以写给未来的自己、未来的爱人，甚至是未来的孩子！

从实用的角度来说，“慢递”几乎没有存在的必要。对于一般人来说，“慢递”还不如一本日记，想对未来的自己说什么，写在日记里就好，真怕保存不到那时候，那就写在计算机、写在互联网上好了，加个锁、存个档，就“永远”不会丢失了。

而“慢递”显然不是以实用性为卖点的，它其实就是在“耍情调”“玩浪漫”。对于被快节奏生活弄得身心疲惫的都市人来说，“慢递”能让我们体会到久违的“慢感”，让我们在“邮寄心情”“保存记忆”中放松自己的身心。

2009年，“熊猫慢递”在北京798艺术区成立了，如今，慢递业的版图已经扩展到了中国各大中城市和旅游城市，并受到广大学生、白领和文艺青年的喜欢。他们怀念“用笔写信”的年代，想要在快节奏的现代社会中体验难得的缓慢和安宁。想象一下，30年之后，自己突然收到一封来自现在的信件，那种奇妙的心情实在让人悸动！

邮局已经越来越被现代人当作“古董”，那么，邮局何不“一古到底”？EMS既然无法在快递行业迅速胜出，那么，邮局何不“一慢到底”，开辟出“慢递”这一业务分支？

“慢递”其实是一个十分小众的行业，它针对的消费者群体实在太小。而且，在现在的行业背景下，由于缺乏严格的行业监管，信件能否保存到“未来”、隐私能否得到保护，都是这一行业发展的主要问题。

但在生活节奏越来越快的今天，“慢递”必然在未来有着更加广阔的发展空间。“慢递”2009年第一次出现在中国，如今就已经在中国大中城市和旅游城市站稳脚跟，而在未来，“慢递”将迎来更多的消费需求。在行业相关制度的健全中，“慢递”业并不是无利可图。

其实，“慢递”之所以会出现，并不是因为消费者多么希望在未来收到这样的一封信。试想一下，30年之后，即使“慢递”公司还存在，我们的地址、手机号也可能早就换了多少次了。这时候，还想成功收到信件，实在是困难。“慢递”所针对的消费需求，其实是一种心理需求。心理学家认为，“慢递”就是一种心理疗法。北京大学精神卫生学某博士就说道：“给未来的自己写信，类似于心理学上的叙事疗法，挖掘过去的自己，并对未来许以愿望，旨在寻找自我的稳定感和归属感。”

在信息技术的不断发展之下，我们的生活更加便利，但不断加快的生活节奏也让我们感到疲惫。每个人、每个企业、每个行业都在追求“更快”，作为以速度为核心竞争优势的物流行业更是不得不“快”。而在激烈的行业竞争之下，在不断上升的物流成本之下，物流企业想要占据更大的市场份额，不“挤到头破血流”是不行的。这时，传统物流行业不妨换一种思路，走向“慢递”市场，成为这一细分市场的主导者！

换个思路，市场更广阔。

第九章 不只要利益，还要合作

——酒店业与旅游业的新机遇

根据世界旅游组织的预测数据显示，截至 2015 年，中国将成为全球最大的入境旅游市场、第四大出境旅游市场以及最大的国内旅游市场。这意味着前来中国的海外入境过夜旅客届时将达 1 亿人次，而国内游客也将超过 28 亿人次。面对如此巨大的市场，旅游业和酒店业，你们准备好了吗?

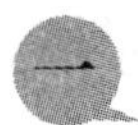

一 残酷的现实：传统行业折戟沉沙

辨证 1：互联网时代，人人都是旅行家

有了互联网，你的旅程必将更具个性魅力。

随着人们生活水平的提升，大众越来越重视精神文化，旅游成为很多人的休闲方式。与跟团游相比，大部分消费者更倾向于自助游。

过去，提到自助游，人们肯定会将它与高价联系在一起。从各旅行社的路线看，跟团路线明显较多，并且大部分价格比自助游便宜。直到互联网插手旅游业，市场情况便发生了巨大改变。

决定好要去旅游，必须先确定目的地，只要在网上轻轻一点，当下季节适合去什么地方就会有清晰的显示，而且会跳出有经验者写的游记。总之，这类信息在互联网上非常多，比消费者一家家地跑旅行社方便多了。

确定了目的地后，消费者就要开始订机票、订车票、订酒店了，不仅因为提前在网上订更方便，还因为能享受折扣。这样一来，消费者根据自己的行程，在网上点击几下就可以了。即便是第一次操作的用户，都能很快在提示下完成。找旅行社订要手续费，自己去售票点又麻烦，还拿不到折扣价。

这一切都安排妥当后，消费者还要计划自己的行程。一般情况下，消费者都会借鉴别人写的攻略，从而找到最适合自己的路线。一旦确定了要去哪些地方，消费者就可以提前在网上买好门票，出门的时候就不需要带太多钱，并且能躲开拥挤的排队通道。

说到这里，你一定对这种形式的自助游充满期待。对，这就是互联网想要打造的用户体验。

一想到要去旅游，很多人会马上点开“去哪儿网”，这家总部位于北京的企业在2005年中旬成立，推出国内第一个旅游搜索软件，为了降低大众的旅游费用，旅行者可以对各家航空公司的票价进行比较，并选择最合适的酒店。

去哪儿网一直将“合理安排消费者的行程”当成使命，所以能提供更加全面、性价比高的产品，加上开创了旅游团购服务，所以一直保持低廉的价格。除此之外，该网站还提供很多增值服务，例如，设计旅行线路、寻找“当地人”等，也受到消费者的欢迎。

随着加入的商家越来越多，去哪儿网所提供的选择空间也特别大，有人问：去哪儿网只是一个平台，如何赚钱呢？这其中大有门道。

广告是该网站的主要收入，当消费者点击上游厂商及代理商的时候，网站会向其收取一定费用，由于网站每月有超过 4500 万的独立访问量，所以这笔收入是非常可观的。还有一种是针对广告投放商，按照广告展示情况收费，同样能令该网站取得可观利润。

当然，去哪儿网还有一项“特别收入”——酒店加盟后，消费者只要电话预订该酒店，网站就会获得收益。与之前只收取酒店信息搜索费相比，在“干涉酒店交易”之后，网站的收入又提升了不少。

对于大部分消费者来说，平日里工作已经很忙了，如果下班后还要因为跑旅行社或是订票而伤神，旅游就成了一件不开心的事情。互联网正是抓住了这一点，才为消费者打造了与旅游有关的一体化服务平台。这些网站在为消费者提供便利的同时，也会为自己制造人气，网站点击率越高，愿意与之合作的商家也就越多。如此，互联网就将与旅游有关的商家联合到了一起，可以时常推出“旅游套餐”供消费者选择，网站也会给出一些旅游小贴士，各种温馨的举动意在提升服务质量。

如今，智能手机的普及让互联网与旅游业的关系更加亲密，很多人在旅游的时候需要临时改行程，这时候，手机就成了迷你 PC，不仅顺利搜罗旅游、住宿信息，还能支持在线支付，移动端的发展，令互联网辐射的范围更广。在这种情况下，消费者一想到旅游，就会马上登录有相关服务的网站，享受折扣非常方便。

可见，旅游社交网站正逐渐改变着人们的生活。除了去哪儿网之外，还有随我游、途客圈、在途网、艺龙等，都是借助互联网而形成的，有些不但开通了客户端，还推出了类似行程计划和定制功能，这会让消费者有“VIP”的体验，这同样是互联网旅游业的特征。

此外，各旅游网站还推出了价格查询等服务，让消费者对近段时间景点、酒店的价格进行收集和整理，找出最适合出行的时间和路线，再在网上进行定制，旅游质量就会高出很多。

身处互联网时代，就连休闲方式都会因此而改变，旅游社交网站的出现，就是为了帮助消费者提升生活质量，这些都是传统旅游业无法满足的。

看了这些，你是否急切地要开启你的个性之旅呢？

辨证 2：哪里方便住哪里

有了互联网，连找酒店都方便多了。

过去，酒店业给人两种感觉：好的酒店好找，但太贵；普通酒店难找，设施也跟不上。原因就在于消费者无法掌握正确的信息，还常常因无法确定行程而错失预订酒店的良机。互联网的出现打破了这种局面，让酒店业重见阳光，同时给予消费者最好的体验。

如今，大家想要出远门非常方便，既可以选择综合性网站预订酒店，还可以直接登录某酒店官网。临时决定住宿的人，可以通过手机地图找到附近的酒店，若是要考虑住店成本，还可以对附近酒店进行比较，最终选出适合自己的酒店。

对于酒店业来说，“地段”是最关注的事情，但自从有了互联网和智能手机后，这个问题便得到了解决。哪怕酒店的位置稍稍有些偏，客人还是可以通过应用软件找到它。曾有机构做过一项调查，超过 75%的受访者对这类手机软件很感兴趣，其中有将近一半人的手机里已经安装了该类软件。在苹果的 Apps Store 软件下载排行榜中，该类软件一直名列前茅。这些软件几乎都与各酒店建立了系统直连，消费者进入后，能准确地点开需要的酒店信息，通过这个平台，能够实现对酒店的准确、快速预订。

A 酒店的规模中等，之前的销售业绩并不理想，主要是因为地理位置有些偏，加上宣传力度不够，所以空房率很高。

针对这个情况，老板决定将酒店信息放到互联网平台上，通过与各团购网站、旅游社交网站等合作，提升酒店利润。

此举改变了 A 酒店的经营情况，不少客人都通过网站搜索来到这里。尝到甜头的 A 酒店准备继续走“薄利多销”的路子，又与各网站达成协议，加入它们的“特价活动”中，尽量减少房间空置的情况。

对于消费者来说，预订酒店不过是一分钟内就能完成的事情，却可以解除出远门的一大顾虑，并且大部分酒店不需要在线付钱，也就说明可以随时退订，极大满足了消费者的需求。

就目前的形势看，不论星级酒店还是经济型酒店，预订方式基本为网上预订，至于消费者是选择用 PC 还是移动手机，就随便了，这就是互联网的好处，让消费者什么方便用什么。

借助互联网的优势，酒店在宣传方面也收获良多，不仅提升了传统客房入住率，还经常宣传新的酒店产品和模式。例如，艺龙网就推出过“今日特价”酒店预订，该活动采取 last-minute 模式，消费者在晚上 6 点后，通过艺龙网手机客户端预订当天的酒店，线上会有超过 500 家酒店提供五折优惠，由于此价格是在会员价格基础上的，所以受到不少消费者的青睐。

当下的消费者对酒店的要求更高了，不仅要住得舒适、价格公道，还得顾及个性化。在互联网上预订，能够对酒店的位置、设施等有较为详细的了解，酒店方面也可以根据消费者的预订情况和留言，知道还有哪些地方需要改进，就能及时对管理工作进行调整，以满足消费者的个性化需求。

传统酒店业会出现这样的情况：消费者离开酒店的时候，都不清楚这里到底有哪些配套设施，从而无法保证良好的体验感。

但通过互联网，就能看到酒店的全部信息。例如，早餐几点供应、有哪些运动设施等，消费者可以根据自己的需要对酒店进行筛选。由此看出，酒店信息透明化，就能与消费者建立良好的沟通平台，对营销工作有很大帮助。

从目前的情况看，酒店提升业绩的关键是服务，不论酒店开设了官网，还是与旅游中介网站合作，其目的都是为了宣传酒店，并了解消费者的需求，若是酒店能满足这些需求，客人就会过来住店。当然，这些数据比想象中还要重要，通过分析整理它们，更便于酒店找到管理规律，从而在第一时间掌握消费者的动向。

可见，互联网在提供便捷的同时，对消费者的资料和需求进行了整合，这是新型酒店管理的重要环节，缺少了互联网，就无法完成这件事。

今天，你在网上订酒店了吗？

辨证 3：度假酒店的新危机

又好又便宜，一向是多数人的追求，那么昂贵的度假酒店还有出路吗？

随着改革开放深入发展，中国人的生活质量越来越高，人们对旅游、度假的需求也越来越高，旅游酒店业也顺势得到了极大的发展。中国的旅游业之发达，甚至超过了其他许多行业，已经走向了世界领先水平。我们能深刻感受到的就是，度假酒店已经越来越多地出现在了我们身边。

度假酒店主要接待的当然就是旅游度假的人们，有了这样的定位，度假酒店当然更多地出现在了那些风景名胜区，比如海边、山脚、温泉附近……对于度假酒店而言，一个好的地理环境显然是其能够迅速发展的重要因素，谁能够抢占优势的旅游景点，谁就能成为度假酒店中的佼佼者！

中国旅游业兴起的同时，消费水平也不断增高，度假酒店变得越来越高端。游泳池、运动场几乎成了度假酒店的标配，有的度假酒店里面甚至有溜冰场、高尔夫球场、跑马场！在这么大的前期投入之下，如果不能吸引更多的客户，度假酒店的生存将堪忧。

从 2008 年金融危机开始，中国的度假酒店业就一直陷入比较低迷的状态，在这种情况下，旅游度假就成为了一个奢侈的选择。更多人将度假放在了周边城市，这就让那些旅游城市的辐射圈急剧缩小，客源就成了大问题。而由于前期的过速发展，国内旅游业的服务质量有许多不足之处，很多人都不相信旅游团，认为所谓的旅游团等于购物团。旅游团的客户少了，就意味着度假酒店需要从“散客”中争夺客源，而“散客”往往是最不愿意花钱的那批人。

互联网让人们的信息分享变得更为便捷，随便在搜索引擎中输入某个旅游景点的名称，我们就能看到大量的旅游攻略：什么路线最便宜，什么景点最值得观赏，买什么、住哪里最实惠。在“自助游”成为时下中国乃至世界最流行的旅游方式的当下，度假酒店的生存空间越来越小。

而越来越多的旅游团购也为中国游客降低旅游开销提供了便利，美团网、拉手网、大众点评等团购网站越来越融入到我们的生活当中。很多时候，当我们消费时，我们并不是选择自己最喜欢的那个，而要先看看这些团购网站，看看哪家有团购，再从中选择一个，至于那些未进入团购网站的商家，则直接被排除在了选择之外。度假酒店同样如此，现如今，几乎所有的度假酒店都有自己的团购信息，在互联网的“倒逼”之下，度假酒店业身不由己地被逼入了“价格战”的怪圈之中。

明明才刚刚开始发展没多久，金融危机的一场风暴袭来，就让度假酒店陷入了寒冬。而互联网的不断发展，使得各大旅游城市之间的竞争已经越来越激烈，更不要说度假酒店之间了！生存与发展越来越困难的中国度假酒店业，必须正视互联网时代的危机，加速寻找自己的破局之路！

度假酒店业该如何走出寒冬，值得所有人思考。

沉着应对：魔高一尺，道高一丈

施治之方1：酒香也怕巷子深——结合实际，利用互联网宣传自己

宣传的目的在于让顾客认识你、熟悉你。

随着互联网技术的发展，它已经将酒店业带入了一个全新高度，令还保持传统经营方式的酒店担忧不已，面对营业额不断下滑的情况，想要重整旗鼓并不容易。

虽然一些酒店的位置很不错，但在这个“酒香也怕巷子深”的时代，不借助更有影响力的工具对品牌进行宣传，酒店就无法经营下去。即便将房间打扫得极为干净，消费者不了解，房间还是空着。所以，当务之急是利用互联网平台对酒店进行宣传。

说到这里，很多人会想到建立官网或是与旅游中介公司合作，但这些更适合于资金较为雄厚的企业。我们先来说说小规模酒店用小成本营销的方法。

如今，互联网平台上出现了很多社交网站，在这里注册通常是免费的。还没有接触互联网的传统酒店，可以从这里出发，拍一些精美的照片放在上面，然后写几段优美的文字介绍。值得注意的是，该账号一定要能反映酒店的特色，找出可能令消费者感兴趣的要素，将它们宣传出来，意在让消费者感受到：这就是自己想要的住宿环境。

一般来说，公共平台都设有留言功能，酒店推出了新活动，或是想要增加新设施，都可以先公布出来，接受大家的评论，听听消费者是如何看待的，有利于酒店找到现有模式的漏洞，从而进行有效调整，这么做同样是为了提升消费者的体验感。

彭女士在厦门开了一间“客栈”，由于临近海边，所以这样好的地理位置帮她收获了不少“银子”，但在互联网日益发展的今天，彭女士客栈的入住率在递减。

厦门是个旅游城市，每年都要接待很多客人。彭女士她开店时间比较长，又善于布置，客人多半是经过客栈门口时便决定住进来，有的是通过朋友、熟人介绍。

为了扭转当下的情况，彭女士分别在人人网、新浪微博、微信等社交平台上注册了账号，以客栈名字命名，先将亲友加入“好友”中，彭女士再让大家帮助转发，一时间引来不少人的关注。

虽然只是一些免费的社交平台，但彭女士对此却非常认真。对于客人的提问，她都很耐心地回答，还时常公布客栈的新照片。例如，当季种植的花草、推出的优惠活动、客栈布置新景象等，对于这些，大家纷纷给予留言，彭女士也从这些留言中看到了客栈的不足之处，并尽快予以调整。

不论去过客栈的人，还是在社交平台上认识的新朋友，彭女士都非常友好地与他们沟通，加之她的性格很活泼，所以大家也都很喜欢这样的方式。这些通过社交平台认识的朋友，有些慕名去了彭女士的客栈，有些推荐朋友去，回来后常用赞扬的语气评价该客栈，令客栈的人气增加了不少。

在接触互联网之前，彭女士也知道要为住客创造环境，却常常提供了他们不需要的东西，也不知道住客真正的需求，等到接触了互联网后，这个问题才得到很好的解决。

传统酒店业存在两大问题：管理跟不上时代发展、缺少营销渠道，通俗地讲，就是不知道如何创建客户想要的住宿环境。

虽然不少商家也借助互联网对酒店进行宣传，但却不知如何解读消费者的需求，所以在改进住宿环境之后，并没有取得预想中的效果。

消费者会对酒店服务做出评价，此时，一定要收集有用的信息，争取将细节工作做到位。这个过程中，还需要服务人员有足够的观察力和耐心。

酒店越注意整理住客的资料，就越能为他们提供细致的服务，类似为带婴儿的住客提供婴儿床，为感冒的住客送上药品，及时提醒住客外面是雨天，等等。

位于某市的甲酒店，具有四星级标准，前几年开始，它就建立了官网，很多住客在网上进行预订，营业额也比之前高了不少，加上不断更新设施，并且定期推出特价房活动，2013 年，它的利润增加了 20%。

这一切都源于甲酒店注意细节。住客登记后，内部系统会提示哪些住客今天过生日，酒店会在客房服务的时候将生日卡放在桌上，这个举动令不少住客很感动。

某次，工作人员在整理房间的时候，发现住客的皮鞋有点脏，于是将其擦得干干净净。这位住客在回去后给了该酒店很高的评价。

在甲酒店的官网上，留言中几乎全是来自住客的好评。在甲酒店看来，通过这些评价，能了解住客的潜在需求，尽管酒店目前的服务已经令大家满意，但住客的需求会不断变化，所以要及时掌握他们的动态，随时提供细致入微的服务。

总之，想要令住客对酒店服务满意，就必须进行深度挖掘，借助互联网只是其中一个方面。对于传统酒店业来说，提升服务质量，并注重个性化，再利用互联网平台进行宣传，是非常有效的。

宣传是前提，做好服务才是根本。

施治之方2：将快乐进行到底——旅行社也有“新功能”

旅游的目的在于休闲，如果你能让顾客感到轻松，那顾客一定会选你。

过去，消费者想要旅游，多半会去咨询旅行社，不仅因为旅游社能帮助游客低价出游，还可以帮游客设计旅游线路，能使游客更好地领略风光。但跟团游的缺点也渐渐暴露：消费者玩得不尽兴、导游带游客去购物，等等。尤其是在各旅游社交网站建立后，消费者就可以毫无顾忌地规划自由行了，渐渐地，传统旅游业便受到了冲击。

在消费者需求不断变化的当下，旅行社需要通过不断改进旅游路线来迎合更多人的需求。近些年，不少旅行社开通了“夕阳红”“青少年之旅”“情人节”等专线，意在为不同类型的消费者提供更具个性化的路线。虽然很多人习惯通过网上攻略计划自己的行程，并愿意自助订票和订酒店，但还有一部分消费者怕麻烦，宁愿多花些钱，把这事交给旅行社办理。如果能将这些消费者做成“固定客户”，旅行社的收入就会有所改观。值得一提的是，旅游本就是一项群体活动，大部分人都会和亲友参加，旅行社做成了一个“固定客户”，他就会将信息传递别人，也就是说，制订的路线、服务标准越好，越能带来更多生意。

虽然有些消费者习惯了团队游，但如果可以在网上找到信息，就能节约他们的时间，为了让消费者感觉便利，旅行社应当开通官网，将路线悉数公布出来。这样消费者就能提前了解信息，等到再去旅行社敲定的时候，效率就会高很多。

总部位于北京的G旅行社曾推出过“白领一日游”路线，受到不少人的关注。该旅行社注意到，很多来北京出差的商旅人士常会有一到两天的假期，这一两天里他们不知道要去哪里，只好随意逛逛，或是在酒店度过。对此进行分析后，G旅社决定开设几条这样的路线，针对不同类型用户的需求，设计了“历史景点线”“现代城市观光”“美食专线”“购物专线”等，差旅人士可以根据自己的喜好，找到适合自己的路线。

由此看出，当旅行社带给消费者新的休闲体验时，就会令原有的管理产生新动力，消费者理想中的旅行社应该服务周到、价格合理、路线设计精美等，此外，还需要一个专业的导游。

说到旅行社的导游，这同样是传统旅行社需要注意的问题，导游一定要关注游客的动向，及时与他们沟通，尽量在旅行期间与游客保持良好的关系。

长久以来，消费者都将旅行社看成一个商业平台，忽视了旅游过程中的文化内涵。央视近几年播放每个省市的旅游广告，反映出不同区域所产生的不同文化，如果旅行社以此为基点，对旅行的文化意义进行宣传，就会产生更好的效果。

例如，用大众能乐于接受的语言方式对某些地域的文化进行解读，可以印在门店的宣传册上，同时发布在官网上，也可以在各个景点拍摄视频，供消费者点击查看。

还有，旅行社应当多与消费者沟通，不妨定期举行活动，例如，景点摄影、视频作品大赛，写生比赛等，只要是在本社参团的游客，都有资格参加，并且要设有奖品，想要游客在这里“循环消费”的话，则可以设置为会员卡、代金券等，待他们下次来消费就可以抵用了。

K旅行社曾在2013年的七夕节推出过一项活动：情侣间默契大考验。在此之前，该社特别设计了一条观光线路，时间为一天，价格也非常公道，只需99元，寓意长长久久，参与报名的游客就有机会参加“默契大考验”。游戏项目很简单，哪对情侣能在规定的5分钟内猜出更多对方比画的名词，就算胜利。比赛分设前三名，分别给予不同的奖励，得分最高者能够以半折价格参加另一个“浪漫之旅”。

当K旅行社将这个消息贴在官网上的时候，很快就有人响应，从消息发布到比赛的两周，一共有几百对情侣报名参加。虽然人数众多，但并不是所有人都会去参加比赛，该社却通过这次活动取得了不少的收益。

实际上，K旅行社收获的不仅仅是利润，还有人气，这种活动会增加消费者的新鲜感，令品牌更深入人心。在工作压力较大的当下，旅行社本就是提供休闲的地方，不如将欢乐进行到底，多设计有趣的活动，拉近与消费者的距离。

既然知道互联网对人们的生活产生了巨大影响，很多旅行社也纷纷建立网络平台，K旅行社就是因为在官网上发布了活动通知，才吸引了很多人前来。对于一些没有设立官网的旅行社来说，在城市中比较热门的网络社交圈子或是微信、微博平台发布信息也可以，目的就是为了利用网络工具进行宣传。当然，等到活动结束后，还需将该过程中拍摄的照片放上去，不仅能让参与者回味，更重要的是让本次没有参与的人同样感受到活动气氛，意在抓住更多人的心。

可见，传统旅游业应当在原有基础上加入全新的元素，满足大众个性化需求，越有创新意识的旅行社，越能吸引消费者的眼球。考虑到互联网的传播速度极快，所以要适时借助互联网平台，多向消费者展示旅行社的更多“功能”。

你的旅行社有新功能了吗?

施治之方 3：合作共赢——旅游业带动酒店业

对于从业者来说，一定要认识到旅游业对酒店业的带动功能。

不难发现，酒店业与旅游业是紧密联系在一起的，不论打开旅游社交网站，还是本地生活网站，都有非常贴心的酒店预订服务，这就给传统行业一定启发：若是让旅游业带动酒店业，两者都将获得不错的发展。

就国内目前的情况看，旅游业稍稍领先于酒店业，加之近几年国家大力宣传旅游文化，并加剧城乡一体化建设，令越来越多的城市变成旅游休闲的好地方，随之而来的是各品牌酒店的入驻。

旅行社向消费者提供路线详情的时候，很少有人将“住宿”作为重点介绍部分，往往只是一带而过，告诉消费者：我们住五星级酒店就可以了，很少会介绍其中的设施等，这是一种资源浪费。

某机构曾做过一项调查，在参与团体旅游的时候，超过一半的游客觉得酒店并没有让自己获得很好的体验感。在消费者看来，住宿是整个旅行过程中的重要方面，若住得不好，就会影响心情。既然如此，就必须让游客知道住宿情况、该酒店有哪些服务亮点等。

目前，很少有旅行社会将住宿情况详细地告诉顾客，从而增加了他们的疑惑，也令旅行社的工作陷入被动。但在介绍酒店情况时也不能夸大其辞，似乎在向客人推销酒店，同样让他们产生反感情绪。

甲旅行社与位于某度假村的乙酒店是长期的合作伙伴，从酒店建成开始，旅行社每年要带十万名游客来这里观光，他们每次都安排顾客住在乙酒店。可以说，由于甲旅行社的关系，乙酒店每年的营业收入非常可观。

酒店在动工前就联系了甲旅行社，希望寻求合作机会，而甲旅行社在挑选合作酒店的时候亦非常仔细，不仅看硬件设施，还看服务质量。经过几番考察和研究，甲旅行社终于决定将团队带去乙酒店住宿。

几轮合作之后，双方都觉得彼此能成为很好的合作伙伴，于是考虑签长期合作协议。协议非常详细，将可能出现的问题一一列明，其中包括节假日酒店房价、每年返利、突发情况处理等，由于两企业一直将沟通看成解决问题的唯一途径，所以在合作的这几年间，他们并不经常出现有重大分歧的情况。

不少旅行社将自己与酒店看成“竞争关系”，这是不正确的。作为两个密不可分的行业，若双方能长久保持良好合作关系，收益的不仅仅是顾客，它们两个也会成为赢家。

想要令合作顺利，保持沟通是很有必要的。例如，当酒店遇到突发情况的时候，需要及时通知有长期合作的旅行社，明确告诉他们不要在什么时间段内安排游客来住宿。如果需要安排，应当提前几天通知等，以免出现无法为游客安排房间而导致不愉快的事情发生。

眼下，国家大力发展旅游业，每次开发一个景点就会有酒店入驻。总的来说，酒店业是靠旅游业带动起来的，前者作为后者的“配套设施”，应当成为旅游服务中的亮点，甚至在必要的时候需配合好旅行社的工作。

酒店有时为了迎接散客，而故意告知旅行社无房间，缺少了坦诚的态度，旅行社就很难再信任酒店。虽说酒店不受到旅行社的支配，但酒店需要有大局意识，规划好酒店房间安排，尽可能与散客、旅行社分别沟通，意在保证不耽误两者入住，避免出现因在节假日等特殊时间大量给散客留房间，而错失了与旅行社长期合作的机会。

当然，即便酒店再周密安排，也有可能出现临时无法为旅行社安排房间的情况。这时候，酒店管理者要及时与附近同档次的酒店联系，看是否能将游客安排到那边住宿，并根据情况决定是否需要给该团队补差价。这要与旅行社方面沟通好，以免产生误会。

随着人们生活水平的提高，在节假日里选择出门旅游的人也增加了。面对这种情况，酒店应与旅行社提前达成协议，看看如何调整价格，既保证酒店的利润，又提高旅行社客流量。

过去，旅行社和酒店都只关注房价，而没有注重为游客提供质优价廉的服务。面对互联网的侵袭，旅行社和酒店需要调整之前的观念，两者都应将自己置身于良性竞争中，才能保持传统行业的生机。

积极合作、携手共赢才是旅游业和酒店业的最好出路。

第十章 ╱ 大众点评，让美味更实惠

——餐饮行业如何突破瓶颈

如今，大酒楼、小菜馆遍布大街小巷，可怎样才能“慧眼识珠”，挑出一家既实惠又好吃的馆子呢？这似乎成了困扰大多数人的难题。不用担心，办法总比问题多。利用互联网，上“大众点评”，这个问题就简单了。人们可以在网上挑选优惠餐馆，甚至点菜、付款都可以在网上完成。

一 残酷的现实：传统行业折戟沉沙

辨证1：在“大众点评”，人人都是美食家

“吃货”横行的年代，不注重大众点评怎么行？

俗话说，民以食为天，所以人们总是将“吃”看成生活中的头等大事，所以大街小巷才会遍布餐馆。当各行各业都被互联网深深影响的时候，传统餐饮业同样在发生巨变。

过去，人们想要外出吃饭，总是会在大街上寻找一番，或给熟人打电话，问哪家餐馆比较好吃。在互联网普及率不高的时代，即便是经常在外吃饭的人，也无法告诉你全城到底有多少家好吃的中餐店、西餐厅。现如今，只要去“大众点评”上搜一下就可以了，全球美食尽收眼底。

大众点评网于2003年在上海成立，致力于本地生活信息及交易，同时能搜索全球各地餐饮的信息。首页有功能强大的搜索引擎，只要消费者先确定好位置，就可以去找这个城市里的一切生活服务机构，美食、美发、购物，等等，但人们最常用的是通过它搜索餐馆。

对于消费者来说，既好吃又便宜、环境尚可的餐厅当然是最好的，所以该网站将各家餐厅的位置、名称写清楚，还发布了图片，最重要的是消费者对这家餐厅的点评，谁的好评越多，谁肯定能吸引更多食客。就这样，大众点评网为餐饮业和消费者共同搭起平台，这种方式不但方便消费者，也给餐饮业带来了新商机。

吃饭就要考虑到订座问题，大众点评网完全具备该功能，无须电话，只要在线订座就可以了。加上网站常推出一些团购活动，更令消费者获得了实惠；而对于餐馆来说，人们通过互联网实现了“薄利多销”。

互联网时代里，出现了很多宅男、宅女，于是，一种新的订餐方式——外卖悄然流行，大众点评网支持在线订外卖。

在该网站建立之前，国内还没有类似的网站。据网站创始人回忆，当他把这个构想说给投资者听的时候，没有几个人相信，尤其在融资市场不景气的2003年。一直到三年后，大众点评网才迎来首轮融资，由于掌握了较为先进的信息技术，该网站在后面的几年里受到大众的欢迎。

吃饭前先看“大众点评”已经成为很多消费者的习惯。传统餐饮业想要打广告，必定会使成本增加，互联网却用最低廉的成本做到了最广泛的宣传。

说到“大众点评”的吸引力，不少人将“点评”当成重点。确实，既然想打牙祭，就一定要去好吃的地方，如果自己没有经验，就问问别人，如果很多人说这家餐馆好吃，这一家餐馆应该就是不错的。

说到“点评”，消费者不仅要看别人的点评，还想着自己也去点评。从这个角度看，互联网充分满足了消费者的心理需求。与其他行业一样，餐饮业同样需要满足大众的个性化需求，在用户体验方面，传统餐饮业实在无法与互联网餐饮相比较，互联网凭借特有优势，将用户体验一下子上升到了一个高度。

如今，人们不仅要吃味道好的东西，对餐厅的布置、服务等也有很高的要求。尤其是年轻人，他们认为花钱的目的是享受。当新型信息化餐饮体验成为主流的时候，消费者开始通过移动端来点餐、订位、团购、在线支付等，根据这样的趋势，不少商家推出了自己的 APP（多指智能手机的第三方应用程序）服务，例如，海底捞、麦当劳、真功夫、肯德基等都建立了自己的网上点餐系统。对于商家来说，开通网上点餐平台，能够预先准备好菜肴，等到消费者过来了，就马上上菜，这是提高餐馆翻台率的办法之一。据统计，全国目前已有将近 30% 的餐饮企业推出了 APP 服务，大多数餐饮企业都保持了较高的效益。

有一家位于杭州市城西的普通川菜馆，如果你走进这里，就会发现这里与其他餐馆不同：餐馆里几乎看不到服务员。

根据老板娘介绍，她和丈夫亲自接待客人，招呼点菜、上菜、收拾桌子、收银等，根本不需要服务员。原来，该菜馆使用的是点菜软件，客人自助下单，由于该软件连通后台，只要客人点完菜，位于后台的打印机就能马上吐单，厨师马上炒菜。值得一提的是，客人可以选择使用手机支付。

可见，当互联网与餐饮业联系在一起的时候，商家与消费者都能得到实惠。从某种意义上说，是互联网将传统餐饮业的优点放大了，同时弥补了传统餐饮的缺点，这一切都源于信息的力量。

有了大众点评，广告投入都降低了。

辨证 2：网上团购就是便宜

在团购网站的帮助下，消费者和商家都得到了实惠。

说起消费者在网上订餐的原因，除了方便外，还有就是能得到实惠。尽管有些传统餐饮商家也会推出一些活动，但在大众的心里，他们已经将互联网与折扣联系在了一起。

消费者在网上下单后，可以用网银付钱，到时候只要直接去使用就可以了。若是价格较高的订单，商家还会应要求帮消费者预留包厢。既品尝了美味，又享受了折扣，对消费者来说，实在很有诱惑力。

当你在团购网上浏览的时候，你一定会注意到，不少餐馆甚至有上千名消费者进行团购。可见，一旦在价格上让利，就容易吸引消费者的眼球，加之网页上配有图片和消费者评论，购买者更加有信心。

回到“大众点评网”的案例中来，该网站除了“点评”功能外，团购、优惠券、会员卡等活动也相当吸引人。对于消费者和商家来说，这种促销方式能带来双赢效果，互联网平台能够节约商家的运营成本，同时也给消费者带来实惠。

像“大众点评网”这样的平台，有非常科学的运营模式。首先，它充分展示了各餐饮企业的价值主张，商家在这个平台上宣传，所需要的费用远远低于线下广告宣传，并且增加了营销效果。网上既有消费者的评论，又有打折活动，对于消费者来说是很有吸引力的，而商家、大众点评网也因此获利。因为可以向消费者提供手机搜索内容，帮助使用移动端的客户找到餐厅地址、餐厅电话、网友点评等，这项收入是非常可观的。

其次，大众点评网利用互联网平台，将消费者的点评都收集到一起，形成了非常有用的信息平台。根据大众所提供的热门餐饮资料，网站对这些商家进行准确定位，不仅为了吸引更多消费者的加入，还希望商家能重视这个平台，这样一来，大众点评网就能获得很多广告收入了。

既然让该网站进行宣传，就必须支付一定的佣金，而点评网又会将这部分佣金分成两份，一份留给自己，另一份以积分卡的方式返还给消费者，鼓励他们去餐馆消费。在这个环节中，点评网、商家、消费者都得到了实惠。

此外，点评网还曾出过一本书叫《餐馆指南》，一上市便受到了欢迎，虽然这份收入单纯属于网站，却间接地给各餐馆做了宣传，并且效果不错。由此一来，餐馆便会加大对点评网的投入，如此下去，互联网餐饮的商业模式便建立起来了。

从“大众点评网”的案例中可以看出，商家之所以能在上面打出“优惠牌”，关键在于他得到了实惠，而他给消费者打折的目的，同样是为了得到更多利润。

让利润增加的方法有两个：提升营业收入、降低成本。传统餐馆想要做到这两点很难：想要打开局面，就必须去打广告，这样成本就增加了；而为了招呼客人，提供更好的服务，各个岗位的员工一个都不能少，成本又降不下来，无法给客人折扣价。这样一来，传统餐馆还会有吸引力吗？

单从点评网的案例中就能看出，互联网的优势就在于传播速度快，能够为大众提供自由表达的平台，所以吸引了不少商家的关注。等到大家都集中于该平台上，商机便显现出来了，不论是通过何种活动，目的都是为了引起消费者的注意，并给予一定的“优惠”，让消费者愿意来餐馆吃饭。也就是说，商家借助互联网平台，合理地给予消费者让利，是增加客流量的重要方法，商家的“小恩惠”会得到消费者的“大回报”。

对于习惯了在网上找餐馆的消费者来说，再让他们回到原来的餐饮模式中，几乎不可能，所以，传统餐馆应当马上改变现状。

为了明天的生意，你是不是该做些改变了?

辨证3：“O2O”给传统餐饮业带来的变革

“O2O”模式出现后，不可避免地颠覆了许多行业。

所谓O2O，就是让线上平台带动线下实体店的意思，如果在商家去实体店之前，互联网平台能解决其他一切问题，消费者就会觉得既方便又实惠。所以，互联网餐馆做得好不好，关键在于“O2O”。

传统餐馆都是用传统广告方式去招揽客人，例如，发宣传单、在媒体上做广告、在店门口张贴海报等。直到互联网中的O2O模式出现，商家才开始在线上揽客，不得不说这是一场行业变革。从目前的情况看，这种方式既节约成本，又充满个性化，很符合当下人们的需求。

来看这样一组数据：2013 年中国餐饮业 O2O 在线用户突破了 1 亿，比 2012 年增长了 61.1%，预计到 2015 年，国内餐饮行业 O2O 市场规模将达到 1200 亿元左右。这些数字反映了互联网对于传统餐饮业的颠覆。但还有很多商家没有醒过来，这是非常危险的信号。

哗啦啦点菜网是一家提供移动互联网自助餐厅服务的企业，它开创了网上点单业务，消费者可以在电脑、平板电脑、手机上随意订座、点单、支付，而哗啦啦网站上都是比较有名的优质餐厅，不仅给大众选择的空间，还保证了用餐质量，更重要的是增加了消费者的体验感。之所以能做到这一切，关键在于网站有强大的技术支持。在网上开设虚拟餐厅，是对实体店在时间和空间上的延伸，尤其针对年轻人和特殊职业者，专门推出了 24 小时不间断服务，实现随时、随地订餐。

既然致力于做优秀的互联网餐饮平台，哗啦啦在邀请商家进入平台后，会将其资料写清楚，包括位置、营业时间、特色等，然后将反映餐厅环境、菜肴品质的照片纷纷贴在网上，供消费者查阅。而点单环节则很简便，直接点击“我要点单”就可以了，选择好所需要的东西，提交一下，再把钱付了，消费者只需去吃就可以了。对消费者来说，这样可以节约很多时间。

与其他互联网餐厅不同，哗啦啦有更加统一的服务标准，订餐都有时效性，有些客人因为突发事件无法按时到达餐厅，或是临时决定不去了，哗啦啦网承诺订单可以“过期退”“随时退”和“提供发票”，这就解决了很多客人的后顾之忧。正因为哗啦啦在线上推出了很多“诱人”的条件，客人才会选择这个网站进行订餐。

在 O2O 平台中，线上能给予消费者越多优质服务，线下实体店就能获得更多收益，两者是互相依附的。线上这么多有实力的互联网餐厅，线下实体店可以通过合作把门店的业务带动起来。加入的商家越多，平台越广阔，

“线上”能推出的“福利”也就越多。通过互联网，把线下餐厅的优势全部集中起来，再在线上平台设计出优秀的营销模式，这便是它击败传统餐厅的原因。

在互联网模式下，各商家似乎把服务标准提升了不少，相较之下，消费者更加不会去传统餐厅吃饭了，因为那里的服务水平比互联网餐厅差远了。

想要揽到更多客人，就必须用优质的服务、公道的价格、可口的菜肴打动他们，互联网餐厅能轻松做到前两点，并通过提升线下餐厅的营业额，让他们可以在改进菜肴上投入更多资金，传统餐厅想要实现这个目标却面临很大难度。

看来“线上”的优惠和“线下”的利润并不是一对死对头。

二 沉着应对：魔高一尺，道高一丈

施治之方1：重视体验感——餐饮业要做到“无微不至”

餐饮业要把顾客当作上帝，想顾客之所想，急顾客之所急。

提到海底捞，你可能会说它确实“无微不至”，并开始回忆这样的服务：等餐的时候能免费美甲、服务员会主动送上手机套、卫生间有漱口工具、提供婴儿椅、有外送服务、能点半份菜……优质的服务太多了。正如大家所说，你能想到的、你需要的，海底捞都会尽可能满足。说到这里，传统餐馆应当有所启发：在不断改进菜品的同时，我的服务质量得到提升了吗？

不同餐饮企业的情况存在差别，传统业主应避免盲目跟风，要根据自身特点找到合适的改进办法。越有特色的餐馆，消费者越喜欢去，把握好这个道理，老板们才算掌握了制胜法宝。

所谓“无微不至”，就是尽可能创造优质的就餐体验，其中包含很多方面，目的就是为了给消费者留下良好的印象。

没有开通官网的餐馆，可以加入网络社交平台，或是其他生活服务平台，这种宣传方式不仅成本低廉，还能起到非常棒的效果。如果想要加大宣传力度，还可以参加团购、优惠券等活动，让利永远会令消费者心动。只有先让客人走进店里，才能为他们提供最好的服务。

赵女士开了一家旋转寿司店，她是外地人，很少有熟人光顾餐馆，虽然吃过的人都觉得食材新鲜、价格公道、服务优质，但毕竟客流量较少。为了招揽顾客，她与某生活服务网站达成协议，开通了网上预订业务，同时销售八折代金券。通过这种方式，她的店很快被大众熟知了，餐馆业务量也提升了不少。客人多了，赵女士更加注重菜品和服务质量。即便工作压力再大，她都会对顾客笑脸迎客，同时非常注重餐馆的卫生情况和工作人员的素质培养。

某天，赵女士与一位顾客聊天，对方说自己很喜欢吃日料，而且上班地点就在附近，她马上想到为什么不能给他送过去呢？于是赵女士把这个想法说了出来，顾客也很赞同。随着需要外卖的人越来越多，赵女士发现了新的商机。

从该案例中看出，赵女士不仅利用互联网平台宣传自己的小店，还用热情周到的服务，将消费者变成了“回头客”。

目前，也有一些餐馆是靠团购、优惠券招揽生意，但用“另一套服务”对待他们，这种做法会令消费者产生不舒服的感觉，难道菜肴少一些分量，餐馆就能提升营业额吗？其实，菜品和服务都在消费者心中占有重要位置，笼统地说，从订餐到用餐结束，餐馆所能提供给消费者的一切东西都叫“服务”。只有给予顾客最好的服务，才能真正招揽顾客。

想要通过提升服务质量吸引更多消费者，就必须注意细节，真正知道对方要什么，甚至在他们还没有意识到的时候，就已经把解决办法摆出来，这便是“体验感”。

例如，在桌子旁边放一块擦鞋布，有些顾客会用到；在等候区放几本最新杂志；制作一些设计精美的会员卡、充值卡等，把愉快的心情传递给顾客；面对手机网民越来越多的情况，餐馆可以考虑安装无线路由器，等等。餐馆服务越细致，业内口碑也就越好。

如何能给顾客想要的服务？关键在于沟通，可以主动询问他们的意见，也可以放一个意见簿在醒目的位置。借助互联网平台宣传的商家，还要注意顾客在网站上的留言。虽说众口难调，但多了解一些顾客的想法，对改善经营还是很有帮助的。

当然，互联网所带来的便利是能清楚看见的，如果有条件，也可以引入类似于“自动点菜系统”的互联网软件，不仅方便、新颖，更重要的是采集上面的数据，有助于搞好经营工作。

团购、优惠券只是宣传手段，并不能作为招揽顾客的主要途径，一旦取消这些活动，餐馆的生意会不会一下子差很多？这必须引起商家的重视，有效利用互联网软件，可以知道某位顾客在这里消费了多少次，都喜欢吃些什么，从而给出一些人性化建议。

例如，一号桌来了三位客人，但是菜点得有些多，系统会及时提醒；或是某位客人本月光顾了七八次，并且每次都点了同一盘菜，系统很快将情况反映给总台，商家可以考虑免费赠送一次，等等。

当然，也可以用人工记录的方式，但成本相对较高，如果引进互联网软件就轻松多了，既了解了客户的需求，又节约了商家的开支。

餐馆的服务好不好，不是单看某个方面，而是所有表现的集合。此外，顾客也很重视“评论”的效果，他们所提出的意见是否真正被接纳了？如果是，对方才觉得商家真正重视自己。

打造“无微不至”的餐馆，重点应放在提高服务水平上。商家能站在顾客的角度考虑问题，保持食材新鲜干净，提供优质服务。不论是否借助互联网平台，牢牢把握这一点，餐馆才能长久经营下去。

互联网只是一个宣传平台，最根本的还是菜品和服务的质量。

施治之方 2：让每一道菜都有故事——发掘美味背后的文化

当饮食成为一种文化，还怕它流传不远吗？

当下，人们的生活水平逐渐提高，人们不是为了吃而吃，而是更多地将吃饭看成一种休闲方式，所以人们对餐馆的要求也越来越高，不仅得好吃，还要有令人惬意的环境。除了这些，餐馆的文化内涵也开始受到大众的关注，若能做好这方面的功课，传统餐饮业的发展会比之前更好。

央视推出的《舌尖上的中国》受到大众的追捧，人们在纪录片中看到的不仅是美味佳肴，还有背后的文化意义。

互联网的来袭，令很多传统餐馆感受到压力，除了在线上推出自己的品牌外，还应当有更多亮点，意在吸引顾客的注意。其中，让餐馆有文化价值就是非常重要的方面。

走在不同的城市，我们多半会看到不同地方特色的餐馆，例如，本帮菜、川菜、徽菜、西餐厅、日料店、泰国菜，等等。这些餐厅在布置的时候，大部分非常讲究，以至于顾客远远看见就知道这是哪种餐厅。但这远远不够，店铺的装修只能给顾客带来普通感觉，离传播饮食文化还很远。

诞生于1996年的成都巴国布衣餐饮有限公司是国内比较著名的餐饮品牌，餐馆不仅菜肴精致可口，还经常举行独具特色的表演活动，真正做到将文化、历史与现代融合在一起。

走进“巴国布衣”，就能明显感受到来自川蜀的文化，木质装饰上挂着川剧脸谱，餐馆还会每天定期让表演者向众人展示变脸等来自川蜀的艺术，令不少顾客驻足观看。

身处互联网时代，“巴国布衣”同样将餐馆信息放在了网络平台上，不仅在餐饮类社交网站“露脸”，还注册了微博等公共账号。在进行宣传的时候，同时赋予餐厅文化内涵，将重庆、四川等地民间风俗传播给大众，引起不少人的关注。

如果只是在线上公布餐馆名称，并将菜肴照片放在上面，甚至打个折的话，很难让大众有眼前一亮的感觉，因为这样做的餐馆太多了，会造成顾客的审美疲劳。

任何一种菜肴的背后，都可能隐藏着某个故事，与菜肴相比，有些顾客可能更重视那个“故事”。因为在他们看来，“故事”是菜肴的起源。

可以让服务员换上能反映餐馆特色的服装，也可以通过播放视频短片来介绍餐馆特色菜肴的故事，还可以举行一些表演，等等。值得一提的是，这些工作要尽量做到完美，不能敷衍了事，以免引起相反的效果。

如果开通了网络平台，餐馆在宣传的时候就更加方便了，不妨去当地采集一些素材，例如，百姓日常在家的时候如何做这道菜肴，如果条件允许，还可以去探访当地的“民间高手”，看看如今人们做传统菜肴的方式有没有改变。

此外，餐馆还可以通过邀请大众参与活动的方式，提高品牌知名度，这个过程中，活动的设计和筹划非常关键，一定要能反映餐馆的文化特色。比如，指导大众尝试民间艺术；邀请顾客来一次厨艺大比拼，等等，既让大众有不一样的体验，又令文化得到了传播。

当餐馆开始借助网络平台的时候，是在用成本最低、最便捷的方式对品牌进行宣传，而在其中加入更多文化元素，会令宣传更加丰满。借助互联网平台，将文化传播出去，能够起到事半功倍的效果。

在客人光顾时，让他们对文化有最真实的感受，又会提升他们的体验感。

施治之方3：用互联网思维开餐馆——挖掘传统餐饮业的互联网基因

只有领会了互联网思维的精髓，你才能无往而不利。

当互联网以迅雷不及掩耳之势横扫各个行业的时候，餐饮业同样悄悄发生着变化。虽然已经有不少餐馆借助互联网平台进行宣传，但大多没有做到极致，以至于白白浪费了很多资源。当餐馆经营者能够充分利用互联网资源的时候，生意肯定比之前还要好。

在很多餐馆接触互联网的时候，只发现了它的宣传功能，甚至到目前为止，还有很多餐馆没有“触网”。就在很多人还没有弄清互联网是如何操作的，或是以为只要在互联网上宣传，餐馆生意就一定很好的时候，有人提出这样的观点：用互联网思维去开餐馆。这个想法实在棒极了，因为互联网不只是个工具，还能引发经营者的思考，要充分挖掘传统餐饮业的互联网基因。

互联网的成功离不开“创新”二字，它总是能从细节入手，先对产品进行微调，然后慢慢建立起完善的系统，可以说它的每一步都是在创新。如果传统餐饮业能够借鉴这一点，就可以节约很多成本，同时提高顾客的满意度。

2013年，位于江苏的某酒店率先建立了一个面积达20000平方米的中央厨房，在这里能够实现统一采购、制作和配送，最大程度地节约了成本，并让工作效率提高了不少。到了下半年，该酒店又引进了机械手，它代替人工作业之后，每个月为旗下40多家门店节约了将近60万元的成本，一年下来就是720万元。

可见，用互联网思维进行管理，能够从根本上解决资源浪费的情况，从而提高餐馆利润。文中的酒店正是发挥了创新思维的作用，将工厂中的"生产流水线"搬到餐馆里，先是整合人力资源，同时设计一整套流程，当每个环节上的员工都能按时完成任务，餐馆的整体利润就增加了。等到"流水线"实验成功后，餐馆又强化了"工厂型"厨房的设备：让机械手加入，再次降低成本。

然而，将互联网思维用于餐馆经营中时，还要观察它的另一个特征：24小时开放，只要你身边有网络，就可以随时随地上网，以满足人们的需求。现实中，对于有条件的餐馆来说，24小时开放肯定会比只白天经营多赚一些钱。例如，麦当劳和肯德基有很多家店就是24小时营业的，正因为它们是快餐，人们随时都可以吃，并且非常方便。还有，一些带酒店服务的餐厅快餐部同样可以实行24小时营业。其他餐馆因为要考虑到成本，是否需要做成"永不打烊餐馆"，就要看实际情况了。

此外，还有一些人利用微信、QQ等社交工具，将朋友召集到一起，开了个"大众餐馆"，尽管没有很多资金，规模也非常小，但还是有很多人前来光顾。非常有趣的是，这些客人当中很多为经营者的朋友，而且是通过聊天工具结识的。对于这种经营方式，大家都习惯于叫它"众筹"，即很多人出资共同创建了餐馆，大家通过互联网将熟人叫到这里来吃饭，主要是给朋友捧场，图个热闹，所以这种方式才会受到很多人的喜爱。

从营销的角度说，“众筹”是个比较抽象的概念，由于是小本生意，所以无法去专门的社交类餐饮平台上做宣传，所以选择了这种低成本营销手段，但回报却是显而易见的。据一位开“众筹”餐馆的经营者说，如今，顾客只需要加他们的公共账号为好友即可，如果想要过来吃饭，可以先在微信上告知所需要的菜肴，等到他们来了，就可以直接吃饭，这样就方便多了。

由于借助了网络工具，经营者和顾客之间的沟通就显得方便多了，经营者应当鼓励顾客将对菜品的意见说出来，并在及时改进后，通知这位顾客，请他再来尝尝。如果顾客觉得哪个菜好吃，应当鼓励他们转发给朋友看，如果推荐成功，还可以给一些小奖励，等等，这些都是增加餐馆人气的好办法。

当经营者用互联网思维去管理的时候，就会发现传统餐馆所隐藏的“互联网基因”。

第十一章 ╱ 改变银行的互联网金融业

——传统银行如何打破僵局

无论你是穷还是富，与银行打交道都是必不可少的。然而大多数银行给人留下的印象都是高高在上的。不过在互联网金融崛起后，传统银行终于意识到了危机，他们放下架子，开始重视起他们的客户了。从这一点上来说，银行真的被改变了。那这种改变能有多深，又会持续多久呢？

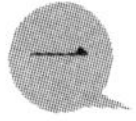 残酷的现实：传统行业折戟沉沙

辨证 1：互联网让金融业更会赚钱

如果银行不改变，我们就改变银行。

早在 2009 年，马云就曾表示，必须用危机来改变银行，雄心壮志的一句话，却被银行界嗤之以鼻。确实，银行作为中国金融界的龙头老大，想改变银行，实在是有些痴人说梦了。对于大多数人而言，马云的这句豪言只是一句玩笑而已。

在过去，我们很难将互联网与金融业联系在一起，虽然大批行业已经与互联网合作，但我们很难想象金融行业也会和这些行业一样。但随着大数据时代的到来，金融界对于数据的极度依赖，让云计算和行为分析理论成为金融行业发展必不可少的技术手段。其实，早在互联网刚刚出现时，金融行业就已经将其应用到了内部管理之中，但却一直未能深入挖掘其中的价值。

对于“最会赚钱”的金融行业而言，能够减少成本、提高收益的任何手段都是不容忽视的。但中国的金融界在利用互联网时，却忽视了互联网“开放、平等、协作、分享”的精神。不到万不得已的时候，中国金融界的龙头——银行，是不会放弃“躺着赚钱”的机会的。即使众多行业已经被互联网所“侵蚀”，但传统银行依然我行我素，没有做出什么实质性的改变。

2013 年，马云再也等不下去了。早在 2010 年开始，阿里巴巴就已经推出自己的小贷公司，三年间，依靠淘宝众多中小卖家，阿里巴巴在小额贷款市场上做得风生水起，而犹如鸡肋的小贷市场则一直被银行所忽视。到了 2013 年上半年，阿里巴巴早就已经不是一家单纯的电子商务企业，其超过 500 亿元的累计放贷规模、市场第一的第三方支付平台——支付宝，让阿里巴巴“半只脚”踏入了金融界。

中信证券某分析师称，“互联网正在从理财、支付、贷款三个领域全方位进军金融领域”。据《北京时报》报道，截至 2014 年 1 月 15 日，余额宝资产规模突破 2500 亿元，客户数超过了 4900 万户。

阿里巴巴已经完成了“存、转、贷”三大模块的布局，银行再也无法作壁上观。从 2013 年下半年开始，各大银行的理财产品收益就持续走高，一度超过 6%，逼近余额宝的收益。而余额宝、现金宝、活期宝、理财通的相继推出，银行也悄然推出了自己的“宝宝”！

随着阿里巴巴的破局，互联网金融的异军突起已经无法阻挡！阿里巴巴、百度、腾讯纷纷涉足互联网金融业，凭借着互联网企业的属性优势，互联网金融业在透明度、参与度、协作性、中间成本、便捷性等方面，都表现出传统银行所无法媲美的优越性。

在短短5个月的时间里，阿里巴巴已经依靠余额宝吸收资金超过1000亿元，平均每天“吸金”超过6.6亿元！其中有多少流入到了以余额宝为代表的“宝宝们”的口袋，则尚未可知。但银行已经无法再“坐以待毙”了！在各大互联网理财产品“你追我赶”的收益率中，投资者拥有了更多投资渠道，优良的用户体验，让陷入“钱荒”的银行雪上加霜！

一名在大型国有银行工作的员工透露，“原本稳坐办公室、坐等储户上门的客户经理们为了完成指标，不得不放低身段，到大街上和互联网企业们一样吆喝叫卖。”马云的豪言壮志，终于得以初步实现！

余额宝，今天你存了吗？

辨证2：银行也开始“求合作”

银行业高高在上的时代，已经一去不复返了。

在各大银行的官方网站还未完善之时，互联网金融业就早早地从电脑走向了手机。3G网络的普及、4G时代的到来，智能手机的全民化，超高的便携性，让移动智能终端超越电脑，成为最受用户欢迎的上网渠道。

2013年第三季度，中国第三方移动支付市场交易规模已经逼近3000亿元，而前三季度的累计规模也达到了5000亿元（据艾瑞咨询公布的数据）。在第三方移动支付交易规模的迅速扩张中，我们能够明显看出，相对于以电脑、银行卡为渠道的互联网金融业模式，消费者明显更喜欢这种指尖上的便捷服务，中国互联网金融也得以正式迈入移动金融2.0时代！

作为传统金融行业的代表——银行，在看到互联网金融业的火爆之后，自然不会再在移动互联网金融市场上“消极怠工”！事实上，移动金融2.0时代的概念，正是由浦发银行于2013年6月所发布的：“手机银行不仅应囊括几乎所有的传统网上银行金融服务功能，并能根据手机随时随地的特点，围绕位置服务和线下支付，提供具有渠道特色的生活服务，其在金融服务和生活服务的全面覆盖能力上已超越传统桌面互联网时代的网上银行服务。”

但在行动上，银行却无可避免地再一次被互联网金融企业所“碾压”，毕竟，最先进入移动智能终端的正是这些互联网企业的产品，而在移动智能技术开发方面，互联网企业也有着得天独厚的优势。

2013年8月，微信5.0版本发布，随着微信支付功能的加入，腾讯正式进入移动互联网金融市场！凭借超过5亿的用户规模，在仅仅两个月的时间里，易迅、当当、优酷、大众点评等互联网企业，就已经将微信作为自己扩大移动智能市场份额的平台。而各大银行也不得不随波逐流，放弃高成本、低效益的自主研发的APP（智能手机的第三方应用程序），推出了自己的微信服务号。

2013年11月，支付宝宣布，其移动终端“支付宝钱包”将被作为独立品牌发展。依靠支付宝在第三方支付市场的领先优势，“支付宝钱包”理所当然地成为中国第三方移动支付市场的霸主。其用户也早已破亿，在“支付宝钱包”接下来的战略布局中，加强与线下企业的合作，成为其最重要的战略目标。

而同为互联网三大巨头的百度，也不甘落后地推出了“百度钱包SDK”（软件开发工具包）。在互联网金融市场上，由于搜索引擎的网站属性，百度一直落后于阿里巴巴与腾讯，即使是在移动终端，百度的装机量也远不如阿里巴巴与腾讯。但在大数据时代，百度却有着明显的数据优势，“百度钱包SDK”在移动互联网金融市场将如何“开疆辟土”，也值得我们期待！

远程移动支付市场，已经成为互联网三大巨头的主战场，而三大移动运营商——移动、联通、电信，他们自然不能容忍别人将自己的主场变为战场。人们对于短信、电话等传统移动通信模式的需求，也正逐渐下降。于是，三大移动运营商一致地选择了近程移动支付——NFC近距离无线通信，作为自己突破市场困局的良机。

据中国移动的介绍，NFC手机支付是“将各种电子卡片应用（如银行卡、公交卡、校园企业一卡通、会员卡等）装载在具有NFC性能的手机中，以提供一种安全、便捷、一卡多用的移动支付解决方案。用户可持满足中国移动手机钱包业务规范要求的NFC手机，以非接触的方式在电子卡应用所对应的受理商户处使用”。也就是说，拥有了NFC手机支付业务，中国移动用户就可以刷手机进行现场购物消费、刷手机搭乘城市公交的士、刷手机通过门禁……

三大互联网企业、三大移动运营商，以及众多中小企业，都开始乘着互联网金融业的浪潮，将移动智能终端作为战场，意图侵蚀银行的“沃土”。当银行在金融行业显出疲态时，所有人都将金融市场作为一块大蛋糕，想要“分一杯羹”。

面对“群狼”的分割行动，银行却显得有些无能为力。我们不难看出，各大银行在初期，都期望以自己的APP作为移动金融市场的开路先锋。但它们却忽视了用户和市场，在我们如今的生活、工作中，我们很难“一卡走遍天下”，工资卡、房贷卡、储蓄卡……我们每个人的钱包里几乎都有五六张不同银行的卡，这就意味着，我们需要在自己的手机中安装五六个银行的APP，来享受各大银行推出的“方便、快捷”的移动金融服务，这无疑给我们的手机造成了极大的负担，更何况，这些APP使用起来也没有那么“方便、快捷”。于是，各大银行几乎认命般地放弃了对自有APP的开发，进驻微信或支付宝钱包，或与移动运营商们布局NFC市场。

进入21世纪以来，互联网信息技术就一直处于飞速的发展之中，而移动智能的发展，也让智能手机开始取代电脑。在手机上，我们可以上网、玩游戏、购物，也可以理财，作为消费者，我们自然更青睐可以随身携带的手机。

在传统银行与互联网金融等多方市场主体的竞争中，移动互联网金融业已经成为“兵家必争之地”。在这场没有硝烟的“战争”中，谁能够提供更为便捷的指尖上的服务，谁就能赢得消费者的青睐，赢得金融市场竞争的胜利！

互联网金融，比的还是服务。

辨证 3：还不去微信“抢”红包？

社交网络中蕴含着无限的商机和财富。

从 Facebook 和 Twitter 社交网站的快速崛起，以及腾讯的发家史来看，社交网络在互联网时代的重要性不可忽视！可以说，谁掌握了社交网络，谁就将在接下来的大数据时代竞争中掌握先机！

在大数据时代，数据是每个企业市场竞争的最重要资产。每个企业，即使是中小企业，每天的运营都会生成多达几个（十亿字节）GB 甚至 TB（百万兆字节）的数据。通过对这些数据的分析，我们既可以了解企业管理的薄弱处，也能知道每一分利润的来源，更能对客户、市场进行全面的洞察，从而制订出相关的战略，挖掘出企业所有资源的深层价值，并取得更高的效率和收益！

根据英特尔的分析，大数据技术和服务市场的规模预计每年拥有 27%的增长率，市值将于 2017 年达到 324 亿美元。这一增长的主要驱动力来自于构成物联网的联网设备所产生的海量数据。据估计，到 2020 年联网设备的数量将会增加到 300 亿台。投资性能最卓越的技术和分析解决方案能够帮助他们大幅节省成本。

到底什么是大数据呢？其实，大数据就是数量巨大、结构复杂的数据集合，有文字、图片，也有视频。大数据的这些表现形式，是不是让我们很眼熟？我们每天刷微博、玩空间，看的正是这些东西，这也是我们说“社交网络是未来互联网市场竞争的关键要素”的原因。

在2014年农历春节期间，对一些年轻人来说，最牵动神经的不是春晚，不是烟花爆竹，而是每个人手机里的“微信红包”。2014年1月15日，新版微信推出了“抢红包”功能，正是这些一分钱到两百元的“小红包”，让我们再次感受到了“抢红包”的传统乐趣。

春节发红包是中国人的传统习俗，我们并不看重红包里有多少钱，红包代表着长辈对晚辈的祝福。但近几年，红包的意义却越发变味，孩子拿到红包钱少不开心，长辈也为了面子不断加厚红包。象征着美好祝福的红包，却越发成为一种负担、一颗“红色炸弹”！

微信红包的出现却完全不同，在微信红包中，每人每天包出的红包最多只有8000元。用户先设定确定的金额和人数，微信就会将红包金额按照人数进行随机“打包”，每封“红包”的金额最高不会超过200元，最低则不过1分钱！

正是这样一封厚度严重不足的红包，却让每个人都乐在其中。而从互联网金融市场来看，这无疑是腾讯抢占移动互联网金融市场的重要布局。由于“发红包”或“红包提现”都需要微信用户绑定银行卡，所有参与“抢红包”的用户都将成为微信支付的潜在用户。由此可见，作为一次营销活动，“抢红包”无疑在最低的营销成本之上创造了相当可观的效益。

根据腾讯官方发布的数据显示，“从除夕到初八期间，有超过800万用户参与了微信抢红包活动，超过4000万个红包被领取，平均每人抢了4个到5个红包，平均每个红包金额在10元以内。据此推算，按每个红包金额最多10元计算，微信红包交易金额约达4亿元”。而据微信数据统计，“除夕夜参与红包活动的总人数达到482万，最高峰出现在零点时分，瞬间峰值达到每分钟2.5万个红包被拆开。

也就是说，只是一个春节的时间，一个简单的“抢红包”，微信支付就获得了几百万的银行卡绑定用户，而这些也都将成为腾讯进军互联网金融市场的潜在客户！

作为一种营销形式，社交营销无疑是最高效的。要知道，在这次“抢红包”浪潮中，腾讯除了在微信中推出这样一个功能之外，几乎没有花费任何营销费用。就是这样一次“免费”的营销，让腾讯在与阿里巴巴的抗衡中找到了另一个突破口。

“抢红包”的成功，也为互联网金融市场提供了另一个新思路，那就是社交金融。社交金融业其实是依靠社交的特别属性，通过娱乐、游戏、交友、互动等形式，将互联网用户吸引到自己的平台中，再将其引导到绑定银行卡、使用第三方支付，并进一步将之划为自己金融服务的用户！社交金融业之所以能够成功，就是因为社交对于用户有着极大的吸引力，一旦用户被吸引进来，就很难流失，而且会带来更多的客户，更多的客户再带来更更多的客户……在这样一种商业模式中，只要积累了一定规模的用户数量，互联网金融企业几乎可以“轻松盈利”。

中央财经大学某教授表示，“微信红包是从电商金融到社交金融转折的一个里程碑”。而在社交金融时代，传统银行几乎失去一切竞争优势，毕竟从来没有人想要到银行中去进行社交……

微信红包，让人从社交中得到了赚钱的乐趣。

二 沉着应对：魔高一尺，道高一丈

施治之方1：自我改革——以人为本，提升服务质量

正视现实，走出自己的特色之路。

从“贷”到“转”，再到“存”，互联网金融正一步步打乱传统银行的布局。在传统银行本就被“钱荒”折腾得疲于应对时，互联网金融的爆炸式发展，更是让传统银行的发展陷入僵局。

从互联网企业发现小额贷款市场的空白时，众多互联网金融企业就一头扎到这片利润“蓝海”中。从各种小贷公司，到P2P（个人对个人在线货款），再到京东商城推出的“京东白条”服务，那些被称为入市不多时的互联网企业，正在这片被传统银行放弃的市场上做得如鱼得水。传统银行从业者或许不明白，明明那些小额贷款者资信条件那么差，小额贷款也无法提供可观的收益，为什么互联网金融却一点儿不介意，还真能从中赚到钱，而且坏账率还不比自己低？

因此，很多银行也开始开展自己的小贷业务，希望抢回本属于自己的小贷市场。但是，这样的盲目模仿、同质竞争真的有用吗？

“双十一”已经被淘宝塑造为全电商的“网上购物节”，当各大电商纷纷推出优惠，希望抢占“双十一”时，那些卖家们却“痛并快乐着”。

淘宝网的一家金皇冠店家李某在接受采访时，就说道，“去年双十一，如果你这家店缺货七八次，就会被踢出局。为了不出现断货，必须要加大库存，这时就非常需要贷款支持。”“双十一”无疑为这些卖家创造了“收入破表”的机会，但没有资金支持，卖家就拿不到货，就赚不到钱。

想要贷款，一般人自然会第一个想到银行。可是，当卖家来到银行时，复杂的程序、固定的期限、没有抵押物，却让贷款成了难题。银行并不是没有看到这片市场空间，按照浦发银行中小企业业务经营中心某经理的计算：“按最简单的数据模型去测算，淘宝上的电商企业融资需求的总量大概3000亿左右，这是非常庞大的市场”。要知道，阿里小贷在推出一款总额为5个亿的信用贷款后，仅仅28分钟内，就被2800个卖家一抢而空。

在这种情况之下，招商银行也推出了自己的小贷业务。但是，根据业内人士的透露，“根据监管的精神，小企业信贷中心需要更专注小微企业，并不能囊括所有中小企业信贷业务”。招商银行不得不采取“分而治之”的运营模式，让小企业信贷中心管理小微型客户的贷款需求，并在各地分行设立中小企业金融部，管理中小企业贷款业务。

然而，思路是好的，实践起来却有很多问题。因为两个机构的覆盖区域其实是有差异的，有的区域并没有小贷中心，只能由中小企业金融部代管。可是，两个部分的业务核算又是相互独立的，在划转业务时，内部矛盾逐渐升级。

除了内部原因之外，招商银行在真正发展业务时也发现，出于制度设定，传统银行在贷款程序中需要客户提供的材料太多。而对于那些小微电商企业而言，每要他们多提供一份材料，10%到15%的客户就不来了，如果要提供10份材料，那么一半以上的客户就不来了。

虽然招行的小贷业务仍然在进行着，但相比于阿里小贷等小贷公司，高昂的业务成本、被稀释走的客户，让招行的小贷业务利润实在不值一提。

其实，作为金融界一直以来的龙头，银行不仅在过去、在现在，即使是在将来，也都将在金融市场上占据无可替代的地位。面对互联网金融业的搅局，传统银行完全无须妄自菲薄，只需在互联网金融的强处与之竞争。

银行有着庞大的资金规模、丰富的网点资源，而且在中国，银行还有着其他任何金融业所不具备的安全性。这些是传统银行的靠山，互联网金融之所以能够迅速发展起来，更多的是挖掘了传统银行所忽视的“小、微、散”需求，无法对银行的主要利润造成致命的威胁。

当然，居安思危，传统银行由于一直没有竞争对手，而在很多方面存在弊端。尤其是银行的服务一直被所有用户所诟病，银行服务态度差、排队时间长，而且程序复杂，这些都使得互联网金融业在出现之初就能够凭借出色的用户体验引爆市场。

互联网金融业分流银行业务时，其实正是银行进行自我改革的最好时机。乘势改革，将服务的理念融入到发展模式中，以优质的服务、高效的程序，去服务那些能够为银行带来更多利润的客户，银行就能够在金融界屹立不倒！

服务好你的客户，你才有钱可赚。

施治之方 2：迎难而上——敢于拥抱汹涌的互联网金融浪潮

面对新生事物的喷薄之势，我们要勇敢而巧妙地利用它。

一旦各大银行抱团抵制余额宝等互联网金融理财产品，余额宝或许真的会有倒闭的一天，但要说被“取缔”的一天，则未免有些危言耸听了。作为中国金融市场的有效补充，余额宝等互联网金融形式，都将通过互联网为中国金融注入更多新鲜的血液。

在中国经济市场化不断深入发展的今天，政府对于金融市场的管制也正在一步步放开。存款保险机制的完善、《破产法》的设立，意味着银行也有可能倒闭；贷款利率管制完全放开后，存款利率市场化的进程也在加速推进之中，银行能够轻松赚钱的时代将一去不复返；随着民资被允许进入银行界，传统银行也将面临更为强烈的市场竞争……

2003 年，平安集团与中信、光大一起，成为中国仅有的三家拥有金融“全牌照”的金融控股集团！长期以来，平安在保险、投资两大板块已经做得风生水起，随着银行牌照的入手，平安的综合金融帝国之梦也终于有机会得以实现。

2004 年开始，平安就展开了自己在银行业的连续并购行动，银行也终于成为与保险、投资相媲美的业务板块。在平安集团的组织框架中，平安对旗下各子公司的股权均达到 95%以上，其资产总规模更是超过了 3 万亿元！

作为中国金融界的一个传奇，平安的梦想，是成为金融界的天猫——不再是只售卖自己的产品，而是成为开放平台。

老当益壮的马明哲，自然不会放过互联网金融的契机。2013 年 2 月 18

日，马明哲与马云、马化腾携手，众安在线财产保险公司获得中国保监会的批复。根据保监会批复：众安在线的业务范围限于互联网相关的财产保险业务，不设分支机构，自收到批准筹建通知之日起 1 年内完成筹建工作，筹建期间不得从事保险经营活动，未经批准不得变更主要投资人。

在这次融合中，虽然马云依然是其主导者——阿里巴巴集团持有 19.9%的股份，平安和腾讯则分别持有其中的 15%，但是，这对于平安而言，却是进军互联网金融业的一个良机——“偷师”阿里巴巴、腾讯！

当阿里巴巴与腾讯的“战火”从电商蔓延到第三方支付，再到社交软件时，平安也不甘落后，默默地推出了自己的社交软件——“壹钱包”。马明哲说，“壹钱包是平安社交金融战略的创新产品”。而无论如何，互联网金融市场上的这次“三国杀”，却不会少了平安的身影！

一年的时间过去了，众安在线还名声未显，但平安银行作为传统银行的一员，却在互联网金融市场混得风生水起。我们还无法看出这次传统银行与互联网金融业的融合会擦出怎样的火花，但相信未来值得我们期待！

腾讯依靠自己社交平台的优势进军互联网金融业，而阿里巴巴的电子商务属性则让其能够平滑过渡到金融界时，平安由于自身在用户规模和黏性等方面的不足，却无法将自己的金融属性完美复制到互联网中。

传统银行要应对互联网金融的搅局，“独善其身”已经不可能。要反击互联网金融最好的方法，就是拥抱互联网金融业。互联网金融业的浪潮已不可逆，随着国家对互联网金融业的监管，互联网金融业必将走上更为健康、可持续发展的道路。在这种情况下，传统银行只能改善自身，“以子之矛，攻子之盾”，在相互融合中相互学习，在知己知彼中取得胜利！

传统银行早该放下自己的架子了。

第十二章 ╱ 看病不必排队，去淘宝挂号

——医疗行业触网之痛

看病难，看病贵，几乎成为很多人的心头痛。然而当网络医疗出现以后，这些问题都得到了缓解。不仅如此，在互联网的平台上，很多医疗知识以及医院信息都能快速传播，这也为方便大众做出了贡献。为了让大众更健康地生活，医院也纷纷建立起互联网系统，当线上和线下共同为大众谋福利的时候，医疗系统也获得了更多成长空间。

 残酷的现实：传统行业折戟沉沙

辨证1：终于不用排队挂号

互联网时代，你还在排队挂号吗？

在我们身处的互联网时代，各行各业都产生了翻天覆地的变化，医疗行业同样不例外。目前，国内推出了不少健康类网站，不少医生在网站上注册了号码，可以定期解答大众的医学疑问，或是为患者、家属提供互相讨论的

平台，令人们的求医过程方便了很多。

如今，很多人在网上搜索医疗健康方面的信息，通过互联网查找，便捷是最明显的优势。

一项调查显示，有超过70%的网民在网上搜索过与健康有关的信息，例如，疾病、保健、营养等；其中还有1/4的人，在网上购买过医疗方面的产品，大多与营养保健有关。

使用在线医疗的多为已婚夫妇、大学生、老人等，为自己、家人、朋友询问健康类问题，尤其是有慢性病和年老多病的人，稍有点不舒服就去医院，有些麻烦，所以他们会选择先在网上询问医院情况，再酌情安排就诊时间。

通过互联网问诊，不但节约了时间，还保护了网民的隐私，这也是令大众关注的方面。

于2000年开通的三九健康网，是国内第一家健康类门户网站，它从成立以来就受到网民的关注，凭借专业的医药背景和稳定的互联网平台，加之极具竞争力的营销团队，让该网站常年保持非常高的点击率，迅速成为最权威、阵容最庞大的网上医疗组织。

三九健康网不仅打造了网上社区服务，还建立起专业的医疗数据库，网民可以根据需要，浏览不同疾病的详情，也可以进行在线提问，该网站真正成为老百姓的健康顾问。

由于开发力度较强，该网站在成立6年后，成功引进全球著名投资机构的资金，这为三九健康网打造更先进、广阔的平台奠定了基础。

2007年，三九健康网成立了测评中心，意在让大众知道自己的身体情况，又于同年推出七大类健康数据库，网罗更加全面的健康信息。随着与网易、中华网等高品质网站建立合作关系，三九健康网的品牌价值更是与日俱增。

该网站实力不断增强的同时，也吸引了越来越多医务工作者的加入，医生不仅定期为网民解答提问，还常常发表一些文章，提升大众的健康意识。

作为一家老牌健康类门户网站，广告是它的基础收入。目前，三九健康网正往两个方向发展：第一，整合网站资源，提升运营能力，从而让网民看到更优质的信息；第二，在垂直市场建立更多广告增值业务。三九健康网招募了越来越多的优秀人才，网民的肯定是其发展的动力。

如今，大众越来越重视健康。但是，如果身体一有不舒服就去看医生，不仅非常麻烦，有时人们也不知道看什么科室合适。有了医疗网站就好多了，网民可以利用空闲的时间去咨询医生；加之这类网站有很多优秀医生加盟，令大众有更多的选择。久而久之，这类网站便受到网民的青睐。

不少网民因为病情较为复杂，或是已经在当地医院检查过，身体上的异样被检查出来了，于是就将片子、诊断书、医学报告等传给网站上的医生看，如果双方达成一致，患者就会去找那位医生看病。这时候，可以通过淘宝的“挂号平台”，预约某天在某位医生那里看病。当然，这个平台目前还在完善中，虽不是全国所有医院都能实现网上挂号，但阿里巴巴已经启动该机制，也许这个平台很快就会做好。

从这个角度看，互联网之手几乎深入医疗业的方方面面，正在改变大众的传统看病习惯，利用网络优势，将最好的医疗资源带到人们身边。

目前，很多创投公司看准了该市场，并将越来越多的资金投入“移动医疗”中，不论是医院、医生之间的 B2B 模式，还是医生、患者之间的 B2C 模式，将对今后的医疗模式产生变革性影响。

据不完全统计，目前全国有上千个移动医疗 APP，正如业内人士所说，每隔一段时间，就会有新的软件加入移动医疗行列。这样一来，网民看病就更加方便了。

无论是健康类网站，还是移动医疗应用，它们在给予大众方便的同时，也将更多优秀的医疗资源集中到网上。

所以，必须学会利用互联网，这是为大众谋福利的重要环节。

辨证2：远程会诊让专家近在眼前

随着互联网的日益发达，网络医疗也呈现了爆发式增长。

在2010年的洛杉矶科技峰会上，著名心脏病学家托普向众人提问：“谁记得听诊器何时发明的?”当听众正发蒙的时候，他自答了这个问题，并表示，200年后的今天，无线数字设备将取代听诊器，为患者提供远程医疗服务。

作为全美第一个将移动诊疗运用于工作中的心脏科医生，托普讲述了既令人惊奇又近在眼前的“医疗事实”：他的手机上呈现一组心电图，他正在对某位病人实现远程监测。

如今，全球医疗界都刮起“移动诊室”风，在中国，同样有越来越多的人选择远程方式看病。通过互联网，医院与身处外地的著名专家取得联系，并以视频等方式交流，有专家的指导，诊疗会更加有效；网民通过各种医疗网站，找寻全国各地的专科医生，并上传病情资料给对方。尤其对于常年在外地看病的患者，互联网平台给予医患双方更多交流机会，医生能及时掌握患者的身体情况，患者能得到医生的随时关注，既让前者收集更多临床资料，又解决了后者的实际需求。

不少人表示，互联网所推动的远程会诊，缩减了地域间医疗差异，这是医疗业内、外人士都希望看到的，随着关注者的增加，网络医疗已有爆发趋势。

甲医院于前年开通了远程诊疗服务，由于它在国内医学界赫赫有名，所以这项服务的开通，为与之建立远程医疗关系的地区带来了福音。

该医院利用远程设备，采集了各地域医院的病人报告，在医生进行会诊的同时，计算机会将这些资料分类整理好，形成医疗档案。

对于甲医院来说，不仅实现了医疗服务辐射全国，还掌握了更多临床资料，使得医生具备更丰富的临床经验；从各地域医院的角度看，甲医院所提供的远程医疗服务，成为医院的经营亮点，让患者在本地就能得到外地专家的治疗；而对于地域医院的医生来说，这也是非常好的学习机会。

由此看出，远程医疗不仅平衡了全国各地的医疗服务水平，还节约了就医成本，推动医疗事业发展。

目前，国内远程医疗已经展开，这项具有多样化目的的工程，将现代网络技术与医疗事业紧紧联系在一起。

不论什么时候，大众对健康的关注总是排在第一位的，所以才会出现“三甲”医院病人爆满、等级较差的医院冷冷清清的情况。而在实现远程医疗后，大医院的专家就可以指导小医院的普通医生，后者就有了为患者服务的实力。

医学的发展，离不开医生对学术的追求，建立远程医疗，相当于建立了学术共享平台。当医院之间拥有 B2B 模式后，更加便于医生相互讨论和会诊；当医院与大众之间拥有模式后，医院就能提供更具个性化的诊疗服务。

就当前的情况看，不少医院和健康类网站已经具备该功能，这两个平台也在不断完善中，服务会变得越来越好，医疗水平也会更高。而那些还没有进入互联网平台的医疗机构，学术发展速度将远远落后，这样一来，患者还去找他们看病吗?

如今，大众的就医观念正在发生变化，他们希望以更便捷的方式看病，得到权威专家的诊治，降低就诊成本，在医院建立健康档案。在没有借助互联网之前，想要实现这些太难了，但互联网却凭借其优势，将该平台上的信息整合起来，并实现分类和共享，这是B2B市场所带来的实惠，没有进入该平台的医疗机构，俨然成了“井底之蛙”。

此外，还有医疗业的B2C市场也在发生巨大改变，这类网站解除了患者与医生之间的交流障碍，所以被称为“口袋医生”。作为远程医疗的一部分，它们的出现会提升大众的健康意识，也能改变医生的形象，他们不再等着病人去诊治，更像服务者。

从医生的角度说，他们通过移动医疗平台，在全国各地的网民中树立更好的口碑，有助于他们提升学术水平，积累更多临床经验，所以医生也纷纷加入移动医疗平台。由此，网络医疗才渐渐形成专业化团队，吸引更多网民的关注。

互联网的出现，让推动医疗事业发展又多了一双“隐形的手”，随着网络技术的不断更新，越来越多的医疗机构、网民、医生加入了该行列。但是，依然有不少团队和个人还在用陈旧的眼光看待这项事业，如果再不擦亮眼睛，就无法感知现代技术对医疗事业的贡献，同样也无法从中获得收益。

对于传统医疗机构来说，只有顺应新形势，才能获得新发展。

辨证 3：互联网，让更多人懂得养生

互联网已成为普及养生知识的推手。

随着人们生活水平的提高，人们越来越关注健康话题，现在更是提出了“养生保健大于看病吃药”的理念。虽然之前也有人注重养生，但仅限于小范围人群，现如今却有很多人加入该行列。形成这个现象有很多原因，其中，互联网平台的建立和完善就有不可磨灭的功劳。

之前人们只能从报纸、杂志、书籍上获取相关知识，渠道过于单一。如今就方便多了，不论用搜索引擎，还是登录健康类网站，或是登录一些门户网站的健康频道，人们都可以很方便地获得养生知识。

此外，不少医生也以个人名义或是科室名义，加入了互联网行列，在一些社交网站上发布疾病防治、养生保健的知识，教会大众如何吃、睡、穿，等等。目前来看，国内很多具有优秀资质的医院，都借助互联网建立起更便捷的沟通平台，不仅解答患者和家属的疑问，还在网上定期发布文章或是小贴士，意在提升大众的保健意识。

医疗机构一方面要吸收更多患者前来诊治，另一方面要将患者治好。例如，很多患者会选择一线城市的大医院看病，原因是那里有专家，有先进的诊疗设备，有良好的就诊环境，医院接收的病例越多，医生的经验就越丰富，于是就会有更多患者慕名前去，从而形成一种良性循环。

目前，“预防大于治疗”的观点，受到大众的认可。那么，大众如何预

防疾病呢？必须将保健知识传授给他们，让大众知道出现什么情况应该去检查身体，这是自我保健的一部分。当医生个人或是科室、医院将这类帖子公布在网上的时候，大众便知道要如何做，他们会选择去当地的医院检查，然后通过远程方式与发布信息的医院、科室、医生取得联系，甚至会去这个医院看病，这就确保了上述“良性循环”的维持。

北京卫视的一档养生节目，从开播以来，一直保持很高的关注度，不仅中老年观众爱看，同时也拥有很多年轻的“粉丝”。于是，该节目除了在电视台播放，还在网络上保存了视频，人们可以在网上观看节目。

节目请来不少医院专家，节目的主题就是普及医学知识，并提醒观众遇到什么症状需要去医院、该做哪些检查等，这是提升大众健康意识的重要途径。

由于节目的时间有限，医生只能将行医过程中的一部分经验说出来，同时会提及一些较为典型的案例，为了强化医生之间、医生与普通大众的交流，不少医生在社交网站上开通个人账号，便于将日常工作中的点滴经验公布出来。

通过节目，大众认识了著名医生，通过网络平台，又加深了对他们的印象。人们常在网上提出一些关于健康的问题，这些医生也常发布关于健康知识的帖子。不少医生表示，外地患者在看了自己的节目后，会通过互联网等方式与他们取得联系，还有一些人会与医生约定时间去医院就诊。

目前，不少医生都在医疗网站发布文章，更有医院在自己的官网上发布这类信息，通过互联网平台，让越来越多的人关注健康。在大众看来，经常发布文章的医生或是医院，更能站在他们的角度考虑问题，真正做到医者的本分。在他们还没有意识到之前，就已经将可能出现的问题列出来，从而推动健康事业的发展。从另一个角度说，大众会认为这些医院、医生，常年对工作保持研究态度，找他们看病更加放心。

医生想要组织大规模的健康报告并不容易，却可以通过将保健类文章发布在互联网上的方式，普及健康知识。

由此可见，利用互联网开展医疗工作，对医生和患者来说都是有益处的。

沉着应对：魔高一尺，道高一丈

施治之方1：以点带面——引入互联网管理系统，打造“现代化医院”

在快节奏的时代，医院既要治好病，又要提高效率。

在大众的印象中，医院就是治病的地方，满眼都是白大褂，鼻子闻到的都是消毒水味道，大多数医生比较严肃……随着互联网时代的到来，医疗业也发生巨大变化，人们越来越重视保健，大多数人不会等到病入膏肓再去医院。这样一来，医生、护士的工作量就增加了，加之医疗行业本身就具有高压性，为了避免忙中出错的情况，医疗机构应当引入互联网管理系统，既减轻医务工作者的负担，又帮患者建立起健康档案，便于随时跟踪他们的健康状况，并在需要处理紧急情况时以最短时间调出这些资料。

A医院是一家位于某三线城市的三甲医院，由于历史悠久，医疗阵容强大，又配备了很多先进的诊疗设备，所以该医院每年接待的病人非常多。

后来，A医院引进了全新的互联网管理系统，医生在看门诊病人的时候，不仅要写纸质病例，还得输入电子病例，再点击检查、药品等项目，一并出具电子处方、检查单，既节约了时间，也方便患者查看，同时医院也保存了原始资料，以备今后查阅。

之前，患者来医院就诊，总要排很久的队才能挂上号，如今医院大厅设置了几台“自动挂号机”，患者可以更快地挂上号。

输液时，医院会在每一瓶药水上贴好药水名称、患者姓名、性别、年龄等信息，并输入电子设备中，护士将药水拿到患者面前，一定会先核对药品上的信息，再扫描条码，如果电子设备上的信息能核对上，才会给患者输液。

对于在本院就诊过的病人，医院会为患者建立起档案，由专人进行整理归档，并保存在总机中，以备紧急情况时调用，或用于教学、研讨工作。

该医院在运用了先进的医疗管理系统后，医生、护士都觉得工作量减轻了，有更多精力去做好细节工作，更能发自内心地对患者微笑。当患者看到护士在输液前会仔细核对信息，也放心不少，时间久了，该医院的医患关系改善了很多。

近年来，不少医疗机构都花很多钱引进先进设备，同时高薪聘用优秀医生，却忽视了提升医疗管理系统。从 A 医院的案例中看出，当这种系统得到运用，医生、护士的工作便更有规律和效果，也能以更好的状态面对患者，从患者的角度说，医院的工作效率越高，自己越安全、越能节约时间，同时诊疗效果也更好。

借助互联网，患者的诊疗历程会被记录在案，电子档案比纸质档案更加方面查阅，相当于患者的个人健康档案。患者下次再出现身体不舒服，就会去自己原来一直看病的那家医院，这里的医生更了解其病情。

在使用电子条码后，药品、药水、血浆等都会被贴上带有条码的标签，当文字与条码信息全部核对上，就等于有了双保险，保证了患者的安全。

想要提升学术水平，医生必须与同行保持交流，医院也要定期参与或是组织会诊。现如今，不少大医院都采用了远程设备，支持医院、学校之间的学术交流，如果还没有运用这套设备，应当马上投建，学术研讨和会诊是医务工作者的必修课。在接待重症、急诊、疑难杂症病人的时候，与其他大医院保持联系格外重要。所以说，医院不仅要建立这类设备，还得经常维护，以确保随时可以用。

所以，医院要在引进网络系统的前提下，对原有工作进行改善。

施治之方 2：以大带小——发挥社区医院的作用

大型医院就医难，不如去社区医院试试。

人们在有看病需求的时候，一般会选择去大医院，这主要是因为大医院医生水平高、设备先进等。我国社区医院还需努力，应当充分发挥其功能，以免造成社会资源的浪费。

如果社区医院能发挥作用，相当于在患者和大医院之间搭建了一座“桥梁”，既方便了大众，又令传统医疗业得到革新。

社区医院看病很方便，但大家之所以不去，是因为担心那里的医疗水平。所以，医院在医生、护士的挑选上，就应格外注意，尽量在应征者中选择比较优秀的医生。

鉴于此，社区医院与大医院应当在相关部门的指导下，后者定期给予前者指导，以提升社区医院的医疗水平。此外，社区医院还要对附近住户的健康状况进行建档，并将中老年人和慢性病患者列为“重点服务对象”，定期电话联络他们，以便知道他们的身体情况。如果有必要，还应上门服务，以提高患者的生活质量。

随着人们健康意识的提升，会经常利用移动医疗软件自测身体状况，但这些检测结果通常是不准确的，而去大医院体检又非常麻烦。这时候，社区医院可以与本城区内的小型医院建立合作关系，每年组织民众进行体检，既不用烦琐的手续，价格也非常便宜，甚至可以酌情考虑免费，对于民众来说，这样的福利会增加他们的幸福感和归属感。

除此之外，社区医院还可以组织民众听健康讲座，既可请来自大医院的医生，也可以由社区医院的医生来主持，内容应当相对简单，贴近日常生活，不要用过于专业的术语。

莲塘社区位于 M 市城东，社区医院配有 5 名医生和 7 名护士。由于医院规模较大，加之就诊环境好，附近不少居民都有在这里诊治的经历。

莲塘社区医院与市区一家大医院达成合作协议，对方定期派遣医生过来，为民众进行义诊，同时指导莲塘社区医院的医生工作。

在此之前，该社区医院只有两名医生和三名护士，很少有人来医院看病，顶多就是感冒发烧的年轻人来打个点滴，或是老人来量个血压。后来，莲塘社区医院将这个事情反映到相关部门，在对方的帮助下，社区医院很快与一家大型医院达成合作。大医院不仅给予技术上的指导，每年还提供很多体检名额，并设计成各个档次的套餐，价格十分优惠。60 岁以上的老人，更是能免费进行身体检查。很快，莲塘社区医院将这个消息告诉附近居民，陆续有不少人报名参加体检，其中以老人居多。对于患有慢性病的患者，莲塘社区医院专门开设了疗养中心，他们可以定期来这里护理、输液，不用排队、挂号。

莲塘社区医院经常举办健康讲座等活动，吸引不少居民来参加，这让社区医院的医生、护士与居民的关系熟络了很多。莲塘社区医院还为前来诊疗、保养、体检的患者建立了健康档案，由于录入了非常详细的资料，医生、护士对附近居民的身体情况掌握得非常清楚。每隔一段时间，他们就会电话联系年纪稍长的慢性病患者，询问他们的身体情况，如果有必要还会上门诊治。

经过革新，附近居民去莲塘社区医院就诊的次数明显多了很多，从近几年的营业额来看，经过业务调整后的莲塘社区医院，营业收入比之前高出很多。

而与莲塘社区医院合作的大医院不仅体检部收入增加了，其他科室的业务收入也因此增加。据统计，这些增加的收入中，有超过一半来自莲塘社区附近的居民。

大众之所以青睐互联网，关键在于它能提供个性化服务。目前，国内社区医院的数量虽然很多，但真正充分发挥其功能的却很少。这主要是由于缺乏优质的设备和优秀的人才。每年从医学院毕业的人当中，有一部分毕业生无法在大医院获得职位，不妨引导他们去社区医院工作，并对他们定期进行培训，以保证社区医院能够及时补充新鲜血液，同时要注重他们的水平提升，这是增加患者信心的重要办法。

互联网给予大众的体验是前所未有的，不论从新鲜感还是技术方面，都有让人“追随”的实力。传统医疗业想要达到这个水准，就必须为患者提供更有效的服务。互联网的发展之道就是尽量减少患者的焦虑，传统医疗业同样需要给予患者安慰，尽量创造优良的实体和心理环境。

更重要的是，社区医院还要扮演“保健师”的角色，不论是来就诊过的病人，还是身体健康的居民，都需要给他们建立一份档案，随时跟踪建档者的身体情况，同时增强居民的健康意识。

做好社区医院的工作，是改变传统医疗业现状的有效途径，虽然这类医院的规模较小，但它也有很重要的作用，如不好好利用，资源就会浪费。

社区医院一旦灵活了，就能令大众对传统医疗业刮目相看。

施治之方 3：平台——让民营医院也有发展的机会

民营医院具有实力，但要想发展，必须有资金、技术支持。

从 1995 年开始，民营医院逐渐出现在我国医疗系统中，直至 2000 年，其发展速度都是比较平稳的，2001 年开始，民营医院的发展速度极快，截至 2013 年 9 月，全国共有一万多家民营医院。

进入 2003 年后，民营医院开始以迅猛的速度发展，在互联网成为主流的大背景下，此类医院通过筹集民间资本，进行股份合作、委托经营、股份制等形式，将优秀医疗队伍吸收到医院里来，组建起一个个有较强竞争力的团体。国家在制订相关政策的时候，也充分体现出扶持力度，实行免税三年制度。

2013 年的《民营医院蓝皮书》中指出，我国民营医院的数量在不断递增，截至 2013 年 4 月，全国民营医院数量达到 10234 家，同比增长率为 15%左右。这个数据是相当惊人的。

成立于 2013 年 11 月 4 日的中国医疗健康产业发展策略联盟，是一个由众多企业组成的团体，虽然这些企业的规模、竞争力有所差别，但该平台的建立，就是为了缩小民营医院之间的差异，提供更广阔的发展空间，致力于国内外健康事业的发展，由此集合了很多医疗精英，同时集中了很多民间资本。

中国医疗健康产业发展联盟的初创者，是十几家具有较强实力的专业民营医疗集团，就在联盟成立当日，初创成员已经当场签约，大致确定了业务范围：从健康管理到综合性医疗平台。

这个平台的建立，对推动国内民营医院的发展有巨大作用。很多业内人士说，这项举措是整合社会资源的重要步骤，是非常令人期待的。

就目前的情况看，不少国内民营医院具有很强的实力，但是想要得到更好的发展，必须有资金、技术等关键要素的支持。另外，人才要素也是很重要的，否则发展就会陷入停顿。

近十年来，公立医院的发展受到大众瞩目，患者也真正从中获益，但公立医院的资源毕竟有限，此时，重担渐渐落在了民营医院肩上。

国家出台的各项政策，已经为民营医院的发展提供了优质环境，但目前的情况是，民营医院的数量多，但力量分散，资源长期分配不均导致工作效率低下。为了改变“单打独斗”的情况，需要建立一个平台，鼓励民营医院之间展开合作，并共享资源。中国医疗健康产业发展策略联盟实行入会推荐制，就是为了让这个平台上的民营医院都处于公平的位置，而这种合作机制本身就是一种创新。

成立该联盟的目的是为了让平台上的民营医院保持“统一步调”，只有目标一致，才能将力量集中起来，而共享管理经验、人才、高端学术是为了共创一个好的结果，这便是联盟的意义。

身为传统行业，医疗系统应当有创新观念，当务之急是革新之前的管理模式，通过合理有效运营，降低成本，同时增加资金的使用效率。

民营医院要发展，必须在引进人才和配套器械上下功夫，这是令新管理模式顺利运营的保障。如今，正是民营医疗集团走上市场舞台的关键点，观念、资金、人才、特色，一个都不能少。

促进传统医疗业发展，需要形成长效机制，该联盟正以这个标准在执行，已经建成的网站中设有数据库，便于网站内部人员进行查阅，并酌情对签约企业开放。除此，该联盟还出版期刊，期刊成为非常重要的内部交流资料。

借助平台后，各民营医院在人才流失方面的顾虑少了很多，正因为这个平台能促进各企业之间的交流，医务工作者在这里能掌握更新的信息，技术方面也能有所提升，所以他们对平台外的世界并没有很多向往，反而想安心地在这个平台上积累经验。

从这个角度来说，民营医院可以“放心”地培养人才，因为有了联盟做保证，人才流失率相对较小，谁都不愿意离开这个平台，即便有人跳槽，也很快有人予以补充。

从互联网的日益盛行可以看出，年轻一代越来越关注健康，他们逐渐成为医疗消费市场的主力，传统行业必须改变之前的管理模式，将更有个性化的服务推向市场。

民营医院作为一股新兴力量，对补充传统医疗具有不可替代的优势。

第十三章 ╱ 从金字塔型教育到扁平化教育

——传统教育该如何适应

“因材施教”的口号喊了几千年，然而在传统教育模式下，这个口号很难实现。直到互联网教育出现后，学生才有机会享受到真正的个性化的教育，教育也真正成为了面向全体民众的事业。在这种情况下，传统教育该如何打破自身的束缚，实现扁平化的教育模式呢?

一 残酷的现实：传统行业折戟沉沙

辨证 1：将最优秀的教师请到身边

如今，各行各业都因互联网而被颠覆，教育业便是其中之一。

通过各种网络设备和技术，身处全球各地的网民都有接受优质教育的机会。根据不同类型的网络课程，大众可以先安排好时间，再以最好的状态上课。网络教学也不乏有很多优秀的老师参与，加之教育团队不断改进管理模式和完善网络技术，让网络教学越来越便捷。

对于正在上学的孩子来说，他们的学习能力不同，于是，问题就产生了：传统教育不能满足每一个学生的要求。学习能力强的学生想要领悟更深层次的知识，学习能力中等的学生想要对现有的知识进行巩固，学习能力弱的学生想要赶紧补习基础知识。很多教育培训机构根据这种情况设置了面向不同类型学生的网络课程。

当下，社会竞争压力巨大，很多在职者想要继续"充电"。与实体培训机构相比之后，不少人选择网络培训机构，这样不仅节省时间，而且还能针对自己的不足之处反复听讲……

总之，当互联网之手伸向教育业的时候，传统教育模式发生了巨大变化，每个人都有接受教育的机会。从这些教育类网站的角度说，它解决了地域间师资力量不平衡的问题，同时为大众开创了另一种接受教育的方式。

据不完全统计，截至 2013 年底，全国已有上千家网络培训机构，其中将近一半为综合性网校，剩下的全部为特色类网校，培训内容几乎网罗各个方面，让大众有更多选择空间。

中华会计网校是正保远程教育旗下的主打品牌，也是目前国内最权威、专业的特色类网校，这个拥有超过百万注册会员的教育机构，在过去的时间里，不断更新互联网技术，帮助无数人圆梦。

说到正保远程教育集团，业内人士都会竖起大拇哥。其创办的"中华会计网校"成为联合国教科文组织的试点项目，集团后来又增加了一些财会信息类项目，丰富了版面。接下来，集团陆续创建了自考、法律、考研、医学、外语等网校，逐渐搭建覆盖各教育领域的平台。与此同时，正保远程教育集团还推出了"手机移动课堂"，方便了很多用零碎时间学习的人。

至 2013 年，该集团旗下已有 17 家网校，辅导类别多达 170 多个，形成了多元化教育特色，早已上市的正保远程教育集团以多项优异的成绩领跑全国远程教育。

学习是当今社会的主流趋势，但让所有人都接受优质教育，恐怕只有远程课堂能做到。越是致力于教学质量的互联网学校，越是将全国最优秀的师资力量集合到一起，正保远程教育就是最好的案例。

在全国会计类考试中，“中华会计网校”学生的通过率远远高于传统培训机构学生的通过率。正因为利用了互联网技术，学员可以随时随地听课件，并完成相关练习，而这些都是传统培训机构无法做到的。谁能让学员觉得更轻松，谁就能成为教育行业的领跑者。

传统教育机构想要进行变革很难，那种教学方式已经“定格”了，学生必须在规定时间里去上课，专职学生不难做到，但在职者就有些困难了，所以很多人在决定报名前会有很多顾虑。从这个角度看，传统教育并不真正面向所有人。

此外，传统教育的成本也相对较高，租金、日常开支、教师工资、辅导员工资，等等，面对一系列费用，学校只好降低教学环境标准，或是请水平一般的老师过来讲课，这就令教学质量打了折扣。除了有一定历史的培训机构，近年来新创办的传统教育机构很少在市场上崭露头角。

而建立在互联网平台上的远程教育，就能很好地规避这些问题，从而将更多资金投入到技术提升、维护和整合师资力量上。

虽然互联网的出现已经是一场变革，但似乎在这个平台上的商家永远不满足当前的情况，所以才会不断推出新型学习方式，让学习便捷、再便捷，新颖、再新颖……即便是远程教育的翘楚，也会将完善现有的教学平台当成目标，正因为有广大学员的支持，所以完善工作比传统教育培训机构轻松些。而后者想要革新，却很难找到突破口。

远程教育的口号，一直是“将最优秀的教师请到身边”。从情感角度说，就已经让学生觉得亲切，传统教育却常给人“死板、无创意”等印象。所以，当互联网之手伸向教育业的时候，很多人会毫不犹豫选择“远程教育”。

抛开社会上的培训学校不说，以前大家想上学，必须通过考试，再进行单一的全日制教育，这令教育局限于某个范围中，不利于大众的素质提升；后来，有了各种形式的业余学习班，但是在职者觉得这种方式令自己很疲累；直到某些学校率先实现“远程教育”，才打破教育发展的瓶颈。

虽然网络学校是21世纪刚刚兴起的，它却以惊人的速度横扫传统教育市场，不仅获得巨大收益，也抢占了不少市场份额，较量之后，传统教育培训机构只得甘拜下风。它所创造的新型教学模式，让学员受到名师指点后，能够得到预期的学习效果，所以，网校会在短时间内招收到很多学员，资金周转速度快，令网校有更多财力投入技术升级，同时拓展辅导领域。

传统教育培训机构若不实现突破，只得眼睁睁地看着市场被瓜分。

辨证 2：互联网带来个性化教学

只有互联网教学，才能真正做到“因材施教”。

几千年前，著名教育家孔子便说出了“因材施教”的重要性，这条信念被教育界尊崇了很多年，时至今日，它依然是教育工作者的目标。与之前的教育方式相比，互联网在“因材施教”方面有着特殊贡献。

如今，不少教育培训机构通过网络向学生传授知识，学生可以根据自己的情况，选择适当的课程。学习的过程中，系统会记录下学员在每个阶段的情况，例如，某章节点击学习的次数最多，说明这一章不容易学透。如果多名学员出现这类情况，教育者就会重视，从而在这一方面对学员提供帮助。很多网络课程配备练习和试卷，学员的测试情况同样会被记录，并形成错题集，既达到了更正错误的目的，同时节约了学员时间。

与传统教育模式相比，互联网更精准地对学员能力进行测评，并很快给予相应措施，能够做到针对每一个人，这就是数据库的作用。

传统课堂教育，学生多半是在被动地听；直到互联网出现，才转变为学生主动学。既然学生能够自主选择“不太会”的课程，就不愿意再接受“全盘灌输”的教育方式，当互联网能做到“一对一”教学的时候，学生的动力更足了。可见，互联网将教育带入全新的领域。

王女士的孩子刚上初中，原本孩子的学习成绩一直不错，但因无法适应新学校的教学环境，加之孩子有些调皮贪玩，以至于成绩一下子落后了很多。

面对这个情况，王女士先给孩子报名参加了当地一家培训机构，效果并不理想。在朋友的介绍下，她又给孩子在某网校报了名，几个月后的期末考试，孩子的成绩提升了不少。

原来，该网校不仅设置有普通课程，还根据不同学员的情况，制订不同等级的练习题，由浅入深地帮助他们建立自信，而不是让所有学员去做一样的练习，这样一来，学习效果就提升了不少。

所谓“因材施教”，就是对学员的现实情况做出具体分析，再给予相应的辅导，这是传统教育难以实现的——不可能一个老师只带一个学生。互联网却凭借其优势，轻松做到这一点。可见，网络把教育业与服务业结合在一起，让用户有最好的体验感，有助于学习效果的提升，这是大众所希望看到的。

在某些一线城市的学校里，老师将学生的成绩、综合测评等分数输入系统中，后台就会整理这些数据，以便需要的时候迅速找到。

K 中学位于我国某华东城市，K 中学率先在学校建立起网络管理系统，由专人管理每个班级的作业、测试卷，并输入学生的电子档案中，老师则会根据情况，在相关栏目中定期写好学生的表现情况等，相当于每位同学都有详细的资料。在开班会、家长会之前，老师都会先看一下资料，便于在最短的时间内将学生信息反馈给家长。此外，学生若是去图书馆借阅，管理员会根据系统中的显示，建议学生多看哪些类型的书。自从建立起该系统后，K 中学的学习气氛浓厚了很多，从近两年的升学情况看，也比之前好了很多。

互联网时代，所谓“因材”，是给予不同学生最准确的定位，过去全靠老师的主观评价，并不非常准确。当有了完善的网络管理系统，就能“记住”每个人得过多少分、作业错了几道题，再进行“施教”，便更有针对性，真正帮助学生学习。

首先运用这种做法的是不少知名培训机构，后来，一些全日制学校也引进了互联网管理模式，都取得很不错的成绩。

借助互联网平台后，学校对学生的管理更加精细化，尤其是在基础教育阶段，家长总希望孩子能得到老师的更多关注，互联网的出现，刚好能解决这个问题。相比之下，家长肯定会将孩子送往有相关设施的学校去，而其他仍用传统管理模式的学校，生源将越来越少。

除了基础教育，还有很多其他教育类型，学员多半为在职者，不能把全部精力放在学习上，所以更倾向于“安排得当”的课程。一些传统的培训机构只能对学员进行大致分类，并不能真正实现“一对一”教学，远程教育却可以很好地做到。

值得关注的是，一些知名培训机构在“互联网之风”的吹动下，也建立了远程教育平台，新东方就是最典型的案例。由于它的培训地点较为固定，所以并不适合每一位学员，于是，学校用这种方式解决了不同类型学生的需求。

从学校的角度说，网校上所积累的学员资料将成为最原始的资料，被载入新东方的数据库中，成为学校调整目前课程的依据，对于提升教学水平是非常有利的。

互联网的出现，彻底打破了之前的教育模式，而将千百年来被教育学者公认的“因材施教”法则当成教育目标，并不断提升网络技术，让每一位学生都在正确的方法指引下取得优异的学习成果。

传统教育与之相比，差距不小，加之无法找到革新的突破口，前路便更显艰难。

辨证 3：互联网教学，带来新视野

学生的视野开阔了，教育的目的才能更好地达到。

在人们的印象中，上课就是老师、黑板、粉笔、书本、学生组合在一起，由老师将知识传授给学生。随着互联网技术的发展和交互式多媒体的应用，不少教育培训机构已经颠覆之前的模式，用更现代化的方式授课，改变单一的课堂模式，加入许多科技元素，意在拓宽学生的视野。

黑板是传统课堂的必备品，只能承载文字，加之写板书需要一定时间，从而降低教学效率。当多媒体投入应用后，老师可以提前准备好“电子板书”，只要在课堂上逐一显现出来就行了。虽然只是小小的改变，却令教学质量提升了一大截，所以网络技术才被更多人推崇。

网络及多媒体的应用，能够将文字、图片、动画、声音、影像等融合到一起，通过超链接，可以将最新的消息呈现在学生面前，尤其是遇到学生提问的时候，老师能及时给予答案。例如，某个章节涵盖的内容很多，想要加深理解，就必须了解更多相关知识，老师可以在 PPT 上设置一些超链接，在教学的过程中适当讲解，以便学生更好地理解知识点。这同样是传统教学模式下无法实现的，光凭老师的一张嘴，将学生局限于课堂中，很难将课本知识与实际运用相联系。

互联网的兴起，将带来阅读和写作方面的改变，学生不再单一地从纸质书本中获取信息。当信息获取渠道变宽，学生的视野就越宽，不仅对每个阶段的必修课起到促进作用，还能提升整体素质。写作方面，互联网的出现改变了单一写作方式，学生能利用键盘等工具，在网上各个社区发表文章，或是用网络工具进行交流。

在互联网平台上，学生、老师之间的沟通也变得简单，可以用电子邮件或是在聊天软件上直接交流，不仅节约时间，还能扩大信息的传输量，这便是越来越多的人选择互联网的最重要原因。

互联网在中国年轻一代中的普及率相当高，如果学校还没有建立完善的互联网教学系统，很难满足学生的需求。所以，不少学校开始往现代化课堂过渡，改变应试教育下学生被动获得知识的情况，转而利用互联网和多媒体工具，进行开放式教育，推动素质教育的进程。

几乎所有家长和学生都意识到，应试教育会扼杀学生的想象力和创造力，甚至有些人会因为常年生活在高压下而产生厌学心理。而当教育业受到互联网的影响后，一切都发生了改变，获得知识的途径更加多元化，学生变得喜欢学习。

想要拓展学生的视野，老师本身要开阔眼界。根据调查分析，在互联网普及率高的学校，老师、学生的知识面更广，前者对教学质量、方式的把握更准确，后者能更快速地掌握知识，并学会融会贯通。

众所周知，互联网发展到今天，对社会发展起到了巨大的推动作用。教育行业亦是如此，当学生的视野愈加开阔，学校应当对现有的管理进行革新。

只有教学方式新鲜有趣，才能激发学生们的学习热情。

沉着应对：魔高一尺，道高一丈

施治之方1：打破金字塔——用互联网思维办学

互联网教学，让学习实现“按需分配”。

目前，已经有不少教育培训机构能够熟练运用互联网技术，尤其是专门做远程培训的机构，更是开创了“移动课堂”。传统教育想要跟上时代脚步，甚至成为该领域的佼佼者，就必须学会用互联网思维办学。先打通思想障碍，再进行具体革新，是当下很多教育培训机构重获生机的途径。

一般情况下，将“互联网”与“教育”分成两种状态：一是“教育互联网”，做法为将线下已有的教育模式直接搬到线上，只是单纯引进互联网和多媒体工具；二是“互联网教育”，就是对现有的教育模式进行重塑，使其更能适应当代社会的发展。

首先，互联网教育打破了传统“金字塔”模型，让大众有终身学习的机会。不妨对每个人进行身份验证，并使之成为唯一编号，伴随他们一生，这样一来，学习过程就会更加系统，大家的学习情况也会详细地呈现出来。

除了给予大众平等的权利，让他们终身接受优质的教育，还必须做到“因材施教”，这乃是教育根本。所以要在每个学校建立学生管理系统，并且输入详细的内容，这些能够反映学生个性的资料，将成为老师因材施教的依据。值得一提的是，越健全完善的系统，越能对这些数据进行合理分析，帮助老师进行有针对性的指导。

不妨尝试“基础知识免费，增值服务收费”的做法，尤其是针对基础教育阶段的学生，先建立一个网站，然后将不同科目放在“免费区”，任何注册学员都可以观看，但是要对类似于练习、试卷、个性化辅导等项目收费。

为什么要这样做呢？就是要让学员在“试听”后，真正去把握网站所能提供的服务，增加网校的透明度，往往能吸引更多学生。虽然普通视频是免费的，但也要认真做好，要能真正教会学员知识和技能。

在互联网平台上，让学员在学习之后马上开始练习是非常简单的，可以直接在后面放上练习题，完成后，系统会对练习做出“反馈”，同时自动记录学员的测试结果，这对下一步学习有很大帮助。

这种做法在基础教育的学校里也很常见，但并不能做到很精确，首先是由于测试较多，其次是老师没有太多精力去管理每一次考试。

这时候，建立学生的电子档案就显得很重要。学校应当对学生在某些方面的不足予以重视，再进行有针对性的训练。此外，从全部同学的测试结果上看，可能很多同学都不理解某一章节，得出这一结论的前提是对测试结果进行系统分析。

值得注意的是，传统办学机构会对学生的等级进行非常明显的划分，特别是从事基础教育的学校，分为一年级、二年级……而互联网思维却是相反的，会让学生按需学习。

可以专门开设一个拓展学生知识面的网站，不用进行明确而详细地分级，而是对教学内容进行分类，鼓励学生自己去找需要的知识，并且网站要不断进行更新，避免因知识过于陈旧而令学生失去兴趣。

QG 学校是一家创办了十多年的培训机构，招收各年级的中学生。刚开始，它只做实体培训，没有任何互联网配套产品。

直到 2009 年，QG 才开始“触网”，将一些优秀教师的讲课视频放在网上，并且只有该学校的学员可以进入，因为他们要以自己的学号为“登录账号”，并自行设置密码。

刚开始，学校并没有指望这个网站挣钱，只是一种尝试而已，所以保持“放养”状态，几乎不会去管理。直到三周后的某天，工作人员发现该网站的点击率比预想中要高不少，于是又放入了一些视频资料，学员的点击率和在线时长逐渐呈上升趋势，这令 QG 看到了机会。

在后来的一段时间内，学校继续往里面放视频，并开始尝试邀请比较“有个性”的老师，围绕课本上的知识，展开延伸性讲学，并将这一事宜告知家长。由于所制作的视频内容与全日制教学大纲并不完全配套，但是对理解课本知识有促进作用，所以很多家长持怀疑态度，但 QG 将视频内容说得很明确，也非常诚恳，还是有一些家长鼓励学生去看。

几个月后，该网站的点击率已经达到很高的程度，QG 学校借势开发了一些增值项目，例如，配套音频、练习、试卷等，减少了在课堂上做练习、做试卷的时间，久而久之，学生便觉得课堂学习也比之前有意思得多。

总的来说，该培训机构的做法是非常聪明的，将实际课堂教育和网络教育结合到一起，以前者为主，后者为辅，但是后者对前者又有非常重要的辅助作用。事实证明，这种学习方式确实能提升成绩，学生也喜欢。

充分利用远程设备和多媒体工具，同样是具备互联网思维的表现，不论是全日制教育，还是普通培训机构，老师都应该革新目前的授课方式。

例如，对某个章节的知识模块进行梳理，并根据教学大纲提炼出重点、难点，再以丰富的表现形式做出来。不仅要在恰当的地方插入图片，有必要的时候还得制作视频等，PPT 越是多元化，越能够调动学生的积极性。

过去，很多老师在讲课的时候，通常只会结合教案，只是将其中的要点说出来，让学生注意而已，如今，这种做法应当被淘汰。老师必须要多看相关资料，而不是将自己死死地锁在教案中。早早地将答案告诉学生，只会减少他们思考的机会，所以要多鼓励他们了解背景资料，并积极展开分析，这才是提升他们创造力的途径。

要问互联网在哪个领域的应用最广泛，答案肯定是社交网站，这就给很多办网校的培训机构以启发，可以在网站上为学生建立相互交流的空间，但不要做成纯粹的社交平台，以免学生沉溺于玩乐中。

此外，还可以开设在线讨论区、PK 式测试，等等，既能让学生之间保持交流，同时可以真正促进他们的学习，帮助学生找到自己的薄弱环节，还可以针对某个问题进行在线讨论等。

想要学习有效果，必须让学生的心沉浸到其中，很多远程教育有屏蔽其他网站的功能，这种做法在青少年学习的网站中比较常见。但也有大龄学生需要这方面功能的，所以，在创建远程课堂的时候，可以增设该项功能，学员可以根据自己的需求，选择是否使用。

还有，在“移动课堂”盛行的当下，不少远程教育集团开通了由客户端进入网校的通道，这是在帮助学生利用零碎时间学习。对于全日制学校来说，几乎不会去开通这样一个平台，所以要通过其他方式引导学生将零碎时间利用好。而对于已经开通网校却没有研发客户端的远程教育机构来说，应当加大对这方面技术的研发。

当互联网思维和技术达到一定水平，传统教育业才会真正转型。

施治之方 2：授人以鱼不如授人以渔——创建现代化课堂

思维方式的提升才是检验教育成果的标准。

即便外界有很多师资力量雄厚的培训机构，但普通全日制学校还是每一个学生接受教育的必经点，不少业内人士会说，既然一定有学生来上课，何必对现有的教学方式进行革新？

试想，在互联网不断发展的今天，很多学校已经引进了互联网管理系统，并在不断完善中。从结果看来，这类学校比传统学校更具备竞争力，而竞争力的表现，不仅在于保持很高的升学率，而且表现在学生的素质也得到提升。而那些传统培训机构，在远程教育的冲击下，早已失去原有的活力。所以，创建现代化课堂显得尤为重要。

在大众的印象中，现代化课堂就是加入很多新兴多媒体工具，这是很重要的一方面。古话说“读万卷书，行万里路”，但在今日，这种读书方式已经得到改变，学生应当有选择性地看书，而不是盲目地阅读。

在相关产品的引导下，学生先阅读与课本知识有关的书，例如，老师讲到明朝历史，在做 PPT 的时候，适当加入一些与课本有关的课外知识，目的是让学生更好地理解。

当然，学历教育越往上，学生自主汲取知识的能力越重要，所以学校应当“授人以渔”，而不是“授人以鱼”，鼓励学生去找相关资料，并多在课堂上进行开放式提问，意在启发学生，令他们产生学习的动力。

很多学校已经配备了互联网和多媒体设备，但其使用量却很小，很多学校的机房、多媒体教室常年空置，这是典型的资源浪费。在学校条件允许的情况下，应当多建这类现代化教室，并好好利用。互联网平台上容纳的信息是不可估量的，能够将课堂上所学到的知识延伸至很远。

据统计，全国有超过一半的学校已经配备了多媒体设备，坚持使用的却不到 30%，而这些经常借助互联网进行教学的学校，教学成绩比没有使用多媒体设备的学校更好，这就令学校的生源有了保障，从而积累更多资金和经验，在互联网教学的道路上越走越远。

随着互联网对各行业的影响越来越广，教育业最终也会借助这个平台对现有资源进行整合与利用。根据信息产业部的分析，国内互联网教育的发展，正以每年 150% 的速度递进，并要增加几十亿的市场容量，这是非常惊人的。

当传统教育同样能带给学生新体验的时候，他们对互联网的依赖就会小很多，新型网络教学能够建立良好的师生关系，而这恰好是传统课堂上不可避免的矛盾，互联网正是利用了这一点，将更多学生吸引到互联网上来。不妨借鉴互联网的做法，积极营造和谐的课堂气氛，并将学生的情绪调动起来，这符合现代教育发展的理念。

S 学校是一家外语培训机构，建立的时间并不长，但该学校的营业收入还是保持着每年增加 10% 的速度发展，令人很是佩服。

原来，S 学校的负责人之前在某远程教育机构工作，他对互联网技术知之甚少，但是作为一名非常优秀的英语老师，接触了互联网教学之后，他对课堂教育有了另一番认识。

他认为，真正优秀的老师会用正确的方式引导学生，让他们自己去寻求获得知识的途径，同时要避免指责学生。传统培训机构要向互联网行业看齐，只有当老师站在学生的角度考虑问题，学校才能办得好。

因为有着先进的观念，S 学校在当地外语培训领域有着非常特殊的地位，所谓特殊，就是在毫不经意的情况下，这个学校就建立起来了，并吸引了很多学生，加之收费常有折扣，更是在当地外语爱好者和需求者口中有很不错的口碑。

目前国内有不少教育培训机构都允许学生、家长“试听”，学生关心的是课堂气氛、教育方式，家长则关注教学质量。想要令大众满意，课堂教学就必须充分重视这两点，只有把学生、家长最需要的东西呈现出来，教育培训机构在业内才有立足之地。

我国的教育水平呈现不均衡状态，东部沿海城市以及大部分一线城市教育现代化水平明显高于中西部地区，所以一些品牌培训机构逐渐在中西部开设培训点，同远程培训机构争抢市场，这是传统教育业崛起的开始。但要注意改进课堂教育方式，不论互联网、交互式多媒体设备的配备，还是启发式、开放式教育的投入，目的都是为了避开传统教育的劣势。

教育方法和手段保持先进，教育机构自然会有生源，作为学校教育的核心环节，课堂是体现师资力量的关键，因此要将多媒体、网络等看成重要的教学辅助工具。

但仅仅如此是不够的，学校必须有彻底改变教育方式的决心，这个任务要下达到老师手中，并及时调整配套政策，例如，教师工资与课堂教学成果“挂钩”，定期举办“家长开放日”，让家长去感受老师的教育方式，并建立学生、家长评价机制，迫使教师去改进理念和手段，形成并保持良好的课堂气氛，教师越习惯用创新手段，越能提高学生的兴趣。

此时，大家都知道“利用互联网技术和多媒体设备”“创新教学观念”是打造一流学校的两个重要因素，但在实际操作中，能够将两者有效结合的并不多见，无形中造成了资源的浪费，这也是不少传统教育培训机构为什么花了大价钱，却还是无法取得成果的原因。

老师教得好不好，总会有“标准”来评价，正如外界同样会评价学校一样，后者的社会好评越多，经营收入也会相应增加，为什么不能用这种方式鼓励教师呢？

就在很多学校对此有所认识，并着手改善的时候，部分学校已经将此当成考核教师的指标之一。传统教育业的革新，关键在于改变当下的教育模式，让学校和教师明白，什么是真正地创建现代化课堂。此时，如果能多利用互联网和多媒体，就可能做到扬长避短，毕竟这种新兴的技术，能带给学校、教师、学生全新的体验。所以，在加大资金投入的同时，必须建立完善的培养和考核机制，正因为教师与学生是“面对面”的关系，那么前者必须去思考如何教学生，“创新”就是从这里迸发出来的。

互联网之所以在短时间内占据了半壁江山，主要是依靠创新理念，其对技术的发展有推动作用。

传统教育机构不仅要尝试新理念，还得习惯于这种思考方式。

施治之方 3：为书包减负——尝试使用电子教材

互联网是一把双刃剑，关键看你如何运用。

提到互联网和多媒体在传统教育培训机构的使用，很多人表示已经非常熟悉，即便不是每天都借助这些工具上课，也有过在多媒体教室上课、用 PPT 代替板书的经历，但有一个现象可能大家都忽视了，那就是电子教材的应用。

当国家将教育信息化提上日程表的时候，电子书籍也进入了使用阶段，尽管目前的范围还很小，但在新教育举措的提示下，相信这类产品的使用范围会逐渐扩大。

在生活水平、精神文化不断发展的当下，学生利用个人电脑、平板电脑、智能手机上网的机会越来越多，年龄较大的学生还可能有自控力，但处于中学阶段的学生却很容易沉迷于网络。

互联网是一把双刃剑，既能带给学生更多信息，又令学习生活充满诱惑。如果能出现专门用于教育的“平板”，就可以屏蔽掉多余的功能，帮助学生集中注意力，以免因这些干扰而影响学习。

谈到这里，可能会有人提出质疑：如今的黑客如此强大，万一将“教育平板”破解了怎么办?

这个担心不无道理，所以在设计该产品的时候，要有规范成熟的产业链和完善的硬件设备，意在降低被破解的风险。

硬件是电子教材最重要的部分，在整个产业链中占有相当重要的位置。学校可以与企业合作，推出独具个性化的产品，针对目前尚处于初始阶段的现状来看，电子教材还只能承载一些与课本有关的资料，而不能完全代替课本和练习。

鉴于此，学校需要事先与开发商沟通，将什么内容做成电子教材、目的是什么，等等，这关系到产品的定位。当然，在开发的过程中，学校与开发商也要经常讨论，毕竟是新产品，所以要针对可能出现问题的细节予以重点考察，如果有必要还得进行“跟踪”，以免出现失误。

从企业的角度看，不仅要重视技术攻关，还得考虑用户的体验感，硬件越“无所不能”，越会有市场。而具有完美功能的背后，企业还需为减少成本而努力，因为一旦上市情况好，就会有很多学校前来洽淡合作，又将带来非常可观的利润。当整个产业链趋于成熟的时候，企业就有更多精力去开发增值项目了。

A 公司是一家总部位于深圳的高科技企业，也是国内较早开始研发电子教材的公司。公司负责人说：“这是一种朝阳产品，放入市场后很快能引起教育界的重视。”

果不其然，就在他刚说完这句话，已经有学校找到他，想要弄清楚他做的到底是什么。大家总是“看的多，买的少”，他太能理解这个现象了。新产品开发投入大，并且对传统教育的颠覆作用过强，无法保证大众能接受，所以学校对此持犹豫态度。即便是已经使用了互联网工具的学校，也不能马上给出答复。

关于产业链的建设，A 公司负责人很肯定地表示，目前正朝着该方向发展，可能还需要很长一段时间，加上产品在设计和生产环节还有不少细节工作要完善，所以目前能真正达成协议的学校屈指可数。

A 公司面对还比较冷清的市场，并没有失去信心，反而非常安心地与已经达成合作事宜的学校沟通，争取早日让电子教材投入大规模生产和使用中。A 公司的想法是，既然要做就做精细，不能把一个“毛产品”投入市场。与学校的沟通很关键，是打造个性化产品的前提。

虽然已经有学校和开发商签约，但电子教材的普及可能还需要很长时间。为了解决该问题，国家已经出台了一些积极政策，尽管如此，各科技企业还是无法显现出高涨的情绪。

有人拿它与计算机做比较，认为计算机从第一次在教育领域使用到真正普及使用，这个过程花了二十多年，电子教材也可能出现这样的情况。

但也有人不这么觉得，毕竟现在的情况与 20 世纪末期不同，加上国家对这方面的改革力度也比较大，电子教材的使用范围会很快扩大。

由于人们看问题的角度不同，所以得出的观点也存在差异。毋庸置疑的是，电子教材的使用，肯定会给传统教育培训机构带来福音，这单靠学校或是企业不行，两者必须相互配合。

任何时间段中，电子教材的所有关注点都集中于“产业链”上，虽然不少科技型企业都已经设计出“模型”，但想要真正大规模投入使用，还有很多细节问题要考虑，这也是该项产品进程慢的原因。

大家习惯于说“互联网入侵了教育业”，但实则是互联网将一种全新的教育理念呈现在大众面前，令来不及反应的传统教育业陷入被动。而后者想要“崛起”，就必须去借鉴互联网思维，以达到“知己知彼”的状态。当然，借助互联网而兴起的行业之所以能办得如火如荼，其中必定有诀窍，对于传统教育业来说，这是非常好的学习机会。正因为推出电子教材是“任重而道远”的任务，所以需要借助互联网思维和技术，令这项工作能够顺利开展。

从这个角度说，传统教育业无须完全过渡成互联网教育，毕竟实体教育的存在是非常有必要的。与此同时，也要对现有的教育模式进行革新，除了打造更人性化的设备，还应调整学校、培训机构的办学心态和观念，否则电子教材再先进，都不可能被传统教育业所使用。

当下，业内人士对电子教材的普及有所担忧是非常合理的，光把设备分发给学生没用，还必须改变学校的教育理念，尤其是教师与学生的沟通方面，不能再像之前一样，学生越被动，教学效果越差。

电子教材对改变传统教育模式很有必要，而电子教材的诞生与普及，又和教育思想分不开，如何创新、如何站在学生的角度考虑问题，是当下要弄清楚的，传统教育业若是不能突破这个“瓶颈”，将很难跟上时代的步伐。

在很多人看来，电子教材还只是处于试验阶段，无法真正起作用，实际上，它的效用在不同学校、教师眼中是不一样的。所以，传统教育培训机构在协同设计、开发、制作电子教材的时候，还要提升自己的素养，引导学生正确使用它，令其作用能得到充分发挥，学校和教师缺少了这方面准备，同样会影响它的普及。

如今，教育从业人士早已不认为互联网是个侵略者。尽管还有部分传统教育培训机构没有很强烈的互联网意识，但越来越多的业内人士把目光投放到课堂教学和课后巩固上，并建立学生与教师之间的联系，除了交互式多媒体的应用，还有电子教材，尽管后者存在种种疑虑，但总的发展方向是好的。

试想，当电子教材真的得到普及，教师与学生之间的互动会更加顺畅和频繁，那时候，学生也不用背着沉重的书包去上学，只需要带上一块平板电脑即可。

作为一项正在研究并广受关注的电子产品，网络教育业肯定紧盯着产品的发展进程。而对于传统教育业来说，这同样是非常好的机会，越快与开发商取得联系，着手打造这种新兴产品，越能早日打造现代化学校。

然而，电子教材并非“万能”，需要学校去开发它的作用，这就要看学校的措施了。

第十四章／当电视成为摆设，当“等剧”变为“追剧”

——传统电视业如何走出落寞

当互联网视频异军突起时，人们对于传统电视的依赖终于减轻，全家人围坐在一起看一部电视剧的场景已经难得一见。人们对电视剧的选择也有了更多的自主性，人们不再坐在电视机前被动地“等剧”，而是有目标地到网络上“追剧”。当电视沦为一种摆设，传统电视业该如何走出落寞?

一 残酷的现实：传统行业折戟沉沙

辨证 1：追“美剧”，上搜狐

自从有了视频网站，电视已沦为一种摆设。

当下，很多人热衷于看美剧，并且成为一种时尚，但中国的各家电视台却没有播放美剧的，想要看，只能上视频网站。

于是，大家纷纷在网上观看视频，很少人问津“电视机”。而关注到了这个现象的视频网站管理者，开始想方设法将更好看的美剧买进来，目的是为了增加网站的播放量，由此引发了一场“采购大战”。

2013 年 3 月中旬，位于北京市五道口的搜狐大厦被来自四面八方的人围得“里三层，外三层”，搜狐集团 CEO 张朝阳就站在人群中，微笑面对粉丝和记者。几分钟后，另一个人的出现令现场气氛达到了高潮，他就是在《吸血鬼日记》中扮演 Stefan 的保罗·韦斯利。

现场状况大大出乎保罗的意料，中国粉丝的热情让他始料不及，虽然该剧没有在国内任何一家电视台放映过，但类似于搜狐这样的视频大佬们早已将美剧引入中国。

搜狐公司至今流传着这样一件事：2013 年保罗来中国前，特意让经纪人给张朝阳写邮件，说他除了参加上海的活动外，还要来北京看望他，所以非常希望张朝阳能留出时间，并且将唯一的采访机会给了搜狐。

虽然张总不“追星”，但这也足够令其兴奋，所以才有了张朝阳亲自下楼接保罗的举动，当天还陪同他完成了采访，并去三里屯的酒吧为保罗“接风”。

事实上，张朝阳确实很兴奋，但他的情绪来源于拿到了热播美剧的播放权。在《吸血鬼日记》之后，他还掌握着《纸牌屋》的独家版权，并在播映后的短短两周内，就创下了三百多万次的播放量。

人们都说，张朝阳是成功的，搜狐视频是成功的，而它的成功源于对互联网的深刻认识和对当下大众娱乐休闲生活的理解。在视频产业还没有兴起的时候，张朝阳已经感觉到它可能会成为时尚，所以经常在公开场合表达自己的“视频主张”，他不是在为自己造势，而是真的想做好视频业务。早在 2012 年 9 月，搜狐就完成了销售团队的重组，将原本属于搜狐门户网站的“娱乐频道”成员安排到搜狐视频工作，而在后来的年度财报上，同样显示着搜狐视频的采购投入比之前几年提高了不少，当然，美剧采购比例也在不断增加。

说到这里，不得不为传统电视业担忧，某报社曾做过一项调查，20~30 岁之间，有将近一半人会选择通过互联网看美剧；30~45 岁之间，也有超过 30%的人通过互联网看电视。

一般情况下，国内会在每年六月举行电视交易会，因为没有样片，采购方需要挨个去敲门，找到制片方后再洽谈采购业务。而美国是在每年五月召集知名制片商齐聚洛杉矶，主动向采购方推销影片，并且在该月做决定由哪家电视台和视频网站播放。相比之下，美剧在推销和采购方面更加人性化，这也是吸引中国视频网站前去采购的原因之一。

对于国内大众来说，在看惯了国产剧、韩剧之后，人们对美剧的好奇程度陡然上升，加之不少人有海外生活经历，美剧在国内就更有市场了。

对于靠视频资源吸引用户的网站来说，谁提供的资源多、更加便捷，用户就会选择观看哪个网站。再看“美剧争夺战”，搜狐、爱奇艺等一线网站都加入激烈的争抢，并往该项目中投入大量资金和人力，就目前的情况，搜狐俨然成为该场争夺中的胜利者，而有了这些做保证，它的盈利模式又有了新突破。

在视频业务刚得到完善的时候，搜狐就遵循“多利润点”的经营理念，首先是广告，随着视频业务的增加，搜狐每年的广告收入也呈现递增状态；其次是会员付费频道，内容包括无广告播放、独家教育视频、海量片库、无限量离线下载、全站 VIP 标识尊享、专属超高清影院、影片点播等功能，用户可以根据需求，选择适合自己的付费项目。当销售渠道完全打开后，搜狐视频还将一些自产剧放到影库中，一方面满足用户的不同需求，另一方面打造新的利润点。

与搜狐视频一样，国内其他视频网站亦是不断完善产业链，争夺美剧资源只是一种手段，目的在于为用户提供更优质的资源。和传统电视业比起来，互联网更能将新资源呈现给用户，而争夺这些资源便成为当下网站的主要工作之一。形象地说，这是“噱头”，当更多用户开始关注的时候，视频网站的机会就来了。

在互联网争夺电视剧资源的大战中，新和快始终是视频网站获胜的法宝。

辨证 2：从做系统到做服务

服务已使互联网将传统电视业逼到死角。

曾几何时，传统电视业的发展受到全社会的关注，在那个用户还没有产生“选择意识”的年代，电视的产生、输出等，都会令人兴奋，现如今，这些早已荡然无存。

在这个被称为“信息时代”的市场中，互联网电视给人们带来全新的体验，观众不再是被动地看电视，而是能挑选自己喜欢的节目，可以自由选择屏蔽掉广告，能够看海量外国大片，甚至是一些优质、特色栏目。

爱奇艺教育频道就推出过一档名为《趣味奥数》的节目，节目上线两个月后，播放量就超过 100 万次；乐视网在打造高质量视频的同时，开通了包括网络院线、华语电影抢先看、劲爆好莱坞大片、超值套餐、一云多屏等付费项目，各个“击中”用户“要害”；56网不仅创建了国内第一个微电影首映平台，还将每年一次的“56首映礼”发展成业界最具影响力的微电影盛会，56网线上的优秀项目还有“高校影像力”“我秀”等等，都是向公众开放的平台，还时常邀请大家参与到其中……

尽管之前占据市场很多年，但在面对来势汹汹的互联网时，传统电视业终于感受到了危机。当发现网络电视的每一项服务都可能成为“经典”的时候，它们开始慌乱，甚至担心互联网能影响其生死。

也有人不这么觉得，毕竟传统电视业发展到今天，也进行了大大小小几十次革新，并拥有一批忠实粉丝，所以再强大的互联网都不可能致它于绝境。

就目前的情况看，网络电视确实比传统电视更加受欢迎，两者最大的不同在于经营模式：前者是以互联网技术为驱动力，不断开发能令用户满足的软件系统；后者则根据自己对市场的判断，将认为可能会引起大众重视的节目制作和播放出来。

很显然，互联网电视的服务性更强，它能做到传统电视做不到的事情，后者却无法这样。此外，当网络电视在采购、制作视频的时候，同时还在不断完善硬件设施，便于视频向外界传输，尤其是新闻版块，谁的速度快，谁就是赢家。

2013年3月，乐视网在北京召开发布会，宣布与富士康科技公司达成合作协议，后者将为前者制造“超级电视”和互联网机顶盒产品。

几个月后，“超级电视”终于在千呼万唤下走向市场，并且一如既往地走“颠覆性路线”。这款由富士康代生产，且联手夏普、高通等行业老大的产品，几乎是“无所不能”的，再看看它的价格：39寸售价1999元，60寸售价6999元，这恐怕又是一项“颠覆”。

要知道，其他品牌的60寸智能电视，售价通常在1.5万~2万元之间，所以乐视才有了这样的广告语：两倍性能，一半价格。

通常情况下，用户在选择节目的时候，电视每次只能播放一个节目，而“超级电视”却利用设计全视频UI系统，生成了四个桌面，在不切换当前频道的前提下，用户可以对其他节目进行预览，加之具有画中画功能，更令用户可以同时看到主播和次播界面。

除此之外，触摸设计的遥控器，同样是“超级TV”的特色，这是国内第一款支持红外和WI-FI的遥控设备，用户只要打手势，电视就能接收信号。

更让人意想不到的是，用户可以将手持设备当成遥控器使用，例如，直接将手机或是平板电脑上的视频同步到“超级TV”上去，等到设备互相能匹配上的时候，只需要轻轻滑动手指，电视上就能播放相应视频。

还有，手持设备上的音乐、图片、游戏等同样能在电视上显现，届时，用户就能实现家庭共享休闲、娱乐工具了。

在其他方面，“超级TV”也有不俗表现，能够支持语音交互功能，当切换到语音界面，用户只要问一句：“明天天气如何?”电视上就会自动出现一个小屏幕，显示用户需要的信息；如果用语音点播某个电视剧或是打开某个网站，电视屏幕也会自动出现想要的内容。

这一切在大众眼中就像看科幻片一样神奇，它却是真实存在的，当传统电视还停留在“播放”阶段，乐视已经打造出互联网和电视的结合体，同时开发了很多功能，将用户体验推向了极致。

从目前的情况看，互联网电视正踩着PC的脚步往前走，先完善技术，然后做系统，最终抢入口，将服务带给大众。

不只乐视，阿里云推出“盒子”，爱奇艺同样走这条路，似乎将系统和服务结合起来，就能形成最严密的产业链。

有人说，乐视所推出的“超级电视”与盒子，是在为做系统和推服务做准备。确实，乐视虽然起步晚，但在这个节点上，推出一款独具特色的产品，能为将来抢占更多市场做准备。互联网行业的竞争是非常激烈的，而在这样你争我抢的战斗中，只有不断强化系统，才能给出更好的服务。互联网是靠带给客户优质体验感“发家”的，如果不能实现这点，就无法在该行业立足。

相较之下，传统电视似乎已经无优势可言。由于同网络电视的本质不一样，它无法通过“做系统”而去“做服务”，而互联网完成这些是低价，甚至是免费的，并能实现在短时间内扩张规模，最终靠着广告和收费项目获得巨额利润，传统电视业能这样吗？正如某位互联网从业者所说：“传统电视根本不了解互联网的游戏规则。”

由此看来，互联网将手伸向电视业的时候，就已经威胁到了传统电视行业的生存。这时候，肯定会有人站出来说，传统电视业能改变，会比之前更强，甚至超越互联网。如果可以，你打算如何做？这样做的成本要多少？

和传统电视业不同，由互联网主导的该产业，并不是一锤子买卖，由于网络技术的特殊性，想要对产品进行局部调整并不难做到，所以能增加品牌与用户的互动性，甚至它们非常欢迎用户参与到产品中来，因为它们的宗旨就是要提供更加优良的服务，所以秉承“没有最好，只有更好”的理念，在对用户所描述的体验感进行分析后，马上制订修改方案。不难发现，互联网电视每天都在成长，但传统电视做不到。

由此可见，互联网对电视业的影响并不是停留在信息收集和播放上，而是深入到方方面面，它可以设计和制造与网络技术所匹配的产品，从根源上切断传统行业的产业链，这是非常可怕的。

从当下互联网的发展势头看，传统电视业的市场份额还有可能被再次瓜分。

辨证 3：“能用”不如“好用”，互联网业再次反超

网络时代，“好评”才是王道。

在任何行业中，用户对产品的评价都会决定该行业的生死。也就是说，产品“能用”就是“没用”，只有“好用”才行。电视行业正面临这个考验，当用户觉得传统电视“还能用”的时候，网络电视的出现彻底打破了这个局面，原因就在于它“好用”。

总是在说要形成产业链，这让传统从业者摸不着头脑。在他们看来，电视的生产、销售、播放是完全分开的，只要能出现图像和声音，生产者的工作就完成了；销售者就是把它放到市场上去卖，再由电视制作者将图像和声音传送给用户。

这种分散制作和经营的模式，不仅会提升成本，还令电视产业长期保持在低水平。这时候，互联网带着它的一体化平台进入市场，迅速掀起一阵狂热风暴，将传统电视业远远甩在后面。

就拿乐视已经推出的“超级电视”来说，它是在互联网模式下打造的，所以能支持类似于 PC 一样的操作，甚至比 PC 更完美，能够实现声控和多界

面同时操作，比传统电视强得多。更何况价格又这么低廉，所以刚一上市，超级电视就受到很多用户的青睐。尽管传统从业者也曾推出过智能电视，但和“超级TV”比起来，智能电视还是有一定差距。

此时，传统电视业只能通过降价来与互联网抗衡，时间久了，利润遭受重创的它们更无力改变现状。所以很多业内人士预计：在未来的三年到五年内，小型电视机厂商会陷入困境，并最终被淘汰。

如果说之前的电视行业竞争相互之间比硬件，那么如今的互联网电视业就是在比软件，谁能提升服务质量，让用户有更好的体验感，谁就将成为行业老大。传统电视业除了在画质、音质、增加辅助功能等方面做一些局部调整外，很难有大动作，而互联网电视却能避免这个尴尬，让硬件电脑化，同时软件服务化。

中国的家电市场中，有好几块响当当的牌子，例如海尔、格力等，它们在相应的领域拥有巨大的号召力，唯独电视产业长期被韩国三星、日本夏普等海外品牌占据主要市场，而类似于海信、创维、TCL等国产一线品牌，却只能默默地站在它们后面。

就在这些海外品牌趾高气昂的时候，国内的乐视网却预见性地表示，三星、夏普等电视品牌前途堪忧。果不其然，在乐视推出了“超级电视”后，三星在同年重磅推出的F8000系列销售受挫，当看到实际销量不足预计的1/4时，该品牌第一次在中国败下阵来。

从2013年7月的康怡市场调查情况看，三星仅得“探花”之名，而位居“状元”之位的正是乐视推出的“超级电视”X60。

几乎在同一时间，阿里巴巴也发布了旗下开发的电视操作系统，正式走进互联网电视的行列，这是一个打通电视、机顶盒、手机等各个终端的关键平台，同时也是接入电子商务、电子支付等环节的核心硬件。

虽然阿里巴巴与乐视走的路不同，但是目的地是一样的，都是想通过互联网改造现有的电视业。相比之下，传统行业就显得没落得多了。

面对互联网的强势攻击，传统从业者似乎一点儿办法都没有，想要分得更多蛋糕，只能同其他传统业者竞争，但由于硬件同质化严重，加之落后产能过多，所以，传统电视业的日子是越来越不好过了。

传统电视的缺点太多了，先说硬件方面，2013 年开始，4K（指分辨率）成为衡量电视硬件的重要指标，传统行业由于受到技术、资金等因素的限制，很难对现有的硬件进行升级改造。

互联网企业聚集了大量优秀的专业人才，它们之间很快将会展开一场“硬件大战”，而传统电视业只有旁观的份儿。

除此之外，传统电视无法给观众带来优质体验感，已经成为当下最显眼的“伤口”，由于互联网的冲击，传统电视观众流失率正在提高。一份来自广电总局的报告显示，光北京市，电视机使用率就从三年前的 70%下降到如今的 30%，即便 40 岁以上的主要电视使用者花在手机、PC 和平板电脑上的时间也越来越多。

曾有记者采访过路人，问他们在娱乐休闲的时候，是使用电视机的时间长，还是使用互联网设备的时间长。结果接受采访的人全部回答是后者。

电视使用者几乎都有过这种体会，当互联网将一些不必要、花哨的功能去掉后，整体感觉简洁得多，如果是一些付费项目，会根据用户的不同需求，让他们自己选择如何购买，不会出现“不必要的功能”和“重复收费”的情况，可见互联网电视更加人性化，这也是传统行业无法模仿的。

如今，互联网是骄傲的，因为它能做到传统行业无法做到的事情，正因为有实力，才敢想敢做。当传统电视业觉得资源已被用尽的时候，互联网却不断开发新资源，以至于有人说，这些资源是从传统业者手中“抢”来的，不论外界评价如何，网络电视的发展是有目共睹的。

面对互联网电视的步步蚕食，传统电视还能淡定吗?

二 沉着应对：魔高一尺，道高一丈

施治之方1：兼容并包——开拓传统电视的全媒体发展之路

全媒体时代，传统电视业应以积极的态度应对，及时转型。

身处全媒体时代，传统电视业应当对现有的组织机构、制播与经营模式、消费方式和运营理念进行调整，以适应当下的时代环境。

之前，电视业一直保持单向传统渠道，属于由点到面的一次性生产，今天这样的模式已经不能满足大众的需求了，所以必须改变这种无法互动、形态单一的传播媒介，向多渠道传播方式过渡。

为了改变传播渠道单一且狭窄的情况，传统电视业应向“多媒体采集、共享生产平台、增加终端”等方式转变，这囊括了电视业的全过程，需引起业内外人士的关注，以增加传播渠道和接收终端，将一个互动性强的新通道呈现在用户眼前。

例如，某节目做一个小时的电视版，同时分别做半个小时的微博版和手机推送版，能够实现向不同终端传播。

除此之外，传统电视业的组织架构同样需要革新，过去总是以媒体类型为分界点，通过将它们划分到不同组织，再对整体进行规划和调整。而在全媒体时代，这种组织架构明显有缺陷，不妨按照业务流程和要素，对现有的组织进行分解与重组，意在保证资源的利用率。

而经营模式的改变，是传统电视业所面临的又一个问题。过去，该行业一直是“一次性利润”，减弱了它的盈利能力，同时造成了资源浪费，接下来所要改变的就是传统电视业的收入格局。

在全媒体时代，电视业光靠广告收入是远远不够的，加之如今只观看传统媒介的人越来越少，增加电视业的盈利点就显得更为重要了。不妨根据不同终端客户的要求，分别开通付费点播、内容定制、电视购物等增值项目，谁的“创意”多，谁就能够抢占市场。电视经营的利润增长点必须与客户的需求有密切关系。

再说说传统电视业如何改变消费方式，只有当用户觉得自己有充分的选择权，他们才乐意付费，这里又不得不说到“体验感”。过去，电视业保持着“我播什么，用户看什么”的局面，用户无法根据自己的需求选择内容，而在加入点播、时移、订阅等功能后，既方便了用户，也提升了传统行业的收入。

当下，互联网技术正改变着各行各业，传统电视业在进行自我突破的时候，不妨借助互联网平台的优势，提升自己的社交功能。

不妨尝试着将社交平台搬到电视上去，当用户看到喜欢的节目时，就能直接通过电视分享给社交平台上的好友，方便用户之间分享、推荐和交流，这是电视业有源源不断利润的保证。与此同时，还可以增加“评论”功能，鼓励用户主动参与进来，随时对节目内容进行评价，以便电视业者知道用户在想什么，这对下一步工作有很好的指导作用。如果这方面技术较为完善，还可以增加游戏、电子商务等增值服务，目的都是为了提升电视的可观看性。

2011 年，海尔集团曾推出过一款名为“卡萨帝”的社交电视，不仅拥有

58寸超宽屏幕，还能支持微博、QQ、MSN等上百种应用，一度被用户称为“无所不能”。观看电视的时候，观众可以同时搜索股票信息或是电子杂志，甚至能及时查询剧中人物的资料，除了这些，该款电视还支持视频通话和“好友圈”分享功能，令使用者眼前一亮。

有些人觉得，这是互联网时代的产物，这类应用是必须在网络平台上完成的，而这正是传统电视业所需改变的部分，当在其中加入互联网要素后，电视平台的互动性就增强了，既可以作为卖点，又能推动消费方式的改变，着实值得电视业者关注。

传统电视业的运营理念也需要调整，真正将用户看成“需要服务的对象”，而不是“普通受众”，提高传统电视业的服务力度，意在增强他们的体验感，这就是全媒体时代的另一个特征。

当高高在上的“喇叭”不再能吸引大众注意的时候，电视业将沿着“服务型”脚步向前迈进。越来越多的电视业者已经有所意识，制作更多让用户参与进来的产品，打破原本“封闭”的格局，让传统电视业走向“开放”。

所谓“全媒体开放”，就是邀请用户走到互联网这个平台上来，从台网联动，到台网融合，逐渐发展成全媒体格局。能顺利度过转变期的团队，就有可能收获更多利润，相反，将会被电视业淘汰。

这个转变的过程，需要电视行业从业者尊重客观规律，充分从用户身上找寻突破点，再对核心环节进行调整，意在提升全媒体的综合竞争力。

从传统电视业向全媒体过渡，播出机构一定要与之前不同，改变之前松散的形式，逐步向“中央厨房”式内容服务商转变，这里的重点是“服务”，符合当下大众的需求。

说到“中央厨房”，很多人就会有比较形象的联想，在这个大平台上，电视行业从业者要做出令所有人满意的“菜肴”，不仅得顾及电视台所需的内容，还要为其他电视机构、网站设计和生产内容，并且要被大众所接受。除了生产之外，“中央厨房”还得将这些内容准确地送到各个终端上去，这时候，传统电视业的业务才算慢慢展开。然而，传统电视业与互联网经济如何抗衡，还要体现在收入能力上，谁的赚钱能力强，自然会成为行业老大。

这个过程中，价值链上的每个环节都应当成为从业者寻找利润点的环节，以免白白放过了盈利机会。一般来说，过去的电视行业从业者将广告当成唯一的收入来源，并没有形成一整套盈利模式，才会在与互联网的抗争中败下阵来。而向全媒体时代转变后，电视行业从业者将为客户提供一整套服务，在帮助对方盈利的同时，自己的利润也相应增加，久而久之，传统电视业就会处于良性循环中。

某位从业者曾说，当你能做到跨平台、媒体整合资源的时候，客户在价值链上的利润就会成倍增长，所以要格外重视这些广告资源，除了提供服务外，还应注重版权管理，这是将资源牢牢把握在手中的利器。

产业经营方面，业者要先弄清楚大众喜欢什么、他们的使用习惯如何，等等，再去设计。例如，互联网电视、手机电视、车载电视等创新型多媒体产品，将传统电视业和新媒体融合到一个产业链上。

互联网环境下，如果还抱着陈旧想法，走传统电视业的老路，将很快会面临“揭不开锅”的情况。只有朝着全媒体方向发展，传统电视业的活力才能被激发出来。

电视行业的转变并不简单，需要从业者“掐准”每一个细节，否则就有可能功亏一篑。

施治之方 2：一切向前看——提升技术，紧跟市场

只有不断提升技术，紧跟市场，传统电视才有翻盘的机会。

技术落后加上与市场距离较远，令传统电视业者对当下的利润产生方式望而却步，由此可见，“完善技术”和“紧跟市场”，是拯救传统电视业的两个重要途径。

想要对现有技术进行调整，传统电视业者必须了解目前的最新技术，首先是 3D，该技术在国外已经发展了一段时间，而在国内才刚刚起步，因此要加快速度推广 3D 技术的应用。虽然前几年已经出现过具备 3D 功能的电视机，但毕竟普及率不高，所以，电视也要向这个方向靠拢。就目前的情况看，互联网企业所推出的电视产品中，3D 几乎没有出现过，这给传统电视业留了一点缝隙，相关电视制造商与电视制播中心不妨形成合作关系，推动 3D 技术的发展。

其次要说的是三网融合，虽然这个名词早在 2012 年就提过了，但到目前为止，还是个非常缥缈的东西，这同样要成为传统业者要主动出击的环节，如果不能实现三网融合，是没办法做到三屏融合的。试想，当你下班途中在手机上看到一个非常棒的视频，而回到家就能马上转换到电视或者电脑上看，是不是很方便呢？

由此可见，业内人士对传统电视业发展已经有了成熟的想法和框架，因此更要注重实践，用户的想法很单纯，谁能带来更优质的体验，用户就会选

择谁。

除了技术方面，市场趋势同样很重要。根据目前情况看，电视市场有可能分成三种类型：第一，纯电视业务的媒体；第二，以电视业务为主的媒体；第三，涉及电视业务的媒体。

国内市场中，属于第一种的占绝大多数，其中包括央视和各个地方台，主要收入依靠电视，虽然目前已经出现了多元化趋势，但其他收入还是不足整体收入的30%，而长期保持这种状态会令传统电视行业出现收入渠道枯竭的情况。

然而，第二种类型是在不同电视台形成同盟的时候而产生的，除了特定情况，一般不会考虑这种类型。

而第三种是融合模式，各个电视制播中心要将身边可以利用的资源全部整合到一起，同时建立一个平台化的东西，让视频在这个平台上播放。说得简单点，就是建立可以容纳各种元素的平台，谁有资源都可以放上来，在整合的过程中，让制播中心、合作单位全部成为受益者，变成“有钱大家赚”。时间长了，就会形成完整的产业链，到那时候，利润就会源源不断向这个平台上涌入。

由此可见，当传统电视行业去提升技术和建立平台的时候，就有实力去紧跟市场，甚至成为市场趋势的主导者。这个过程中，经常需要借助互联网技术，所以要求传统业者不断充实自己，去更新技术。从另一个角度说，这也是一种营销方式，把优秀资源都吸引过来。

紧跟潮流始终不如引领潮流，这是传统电视业者应该反思的地方。

施治之方3：众人划桨开大船——整合资源，合作共赢

互联网时代，要想发展，就得在各显神通的基础上，开展互利互惠的合作。

眼下正是网络媒体跃跃欲试的时候，加之观众对网络视频的追捧热情日益高涨，令前者急于取代传统电视业。

面对这种情况，传统电视业者不得不开始寻找新出路，早在几年前，央视和上海文广就分别成立了中视网络和东方网络，通过这种灵活的渠道，以应对互联网新兴企业的冲击，这本身就是一种资源重组，是寻求更好合作机会的前提。

2009年12月，中国网络电视台（CNTV）以央视旗下子公司的身份出现在大众眼前，并开始正式运行网络电视业务。与过去的运营模式相比，在建立了网络平台后，央视整体实力又得到进一步提升，依托内容优势和强大而特殊的背景，让CNTV成为领先于其他网络平台的制造商。

在大众眼中，CNTV的建立比过去任何一项决定都具有现实意义，正因为网络平台的特殊优势，令其在第一时间将资源吸引过来，并自动完成整合等工作。

在过去很长一段时间内，传统电视业的制播方式没有发生过丝毫改变，就算到今天，也有不少地方台秉承一贯的制播理念，使得观众越来越少。而类似于央视、安徽卫视、湖南卫视、东方卫视等一类已经建立网络制播中心的电视台来说，情况就比其他卫视好多了。主要原因就在于这个平台的出现

鞭策着传统业者将内容制作得更新颖、精美，并完成产业链建设，去关注该链条上各种资源、环节、要素，使之常年保持在良好的水平上，平台运营得好，电视台的利润就有保障。

在倡导“内容整合运营”的今天，必须要通过建立类似于中视网络这样的平台，才能对外说：我有合作的意图。甚至在很多人看来，如今的网络电视，就是广电与电信的结合，这种说法比较形象，所以网络电视被称为“新锐媒体”。

从这个角度说，传统电视制播中心建立网络平台太有必要了。还是拿CNTV来说，央视做了这么多年媒体工作，在内容和制作方面有一定权威性，那么，它就负责做内容，但原先的渠道太少了，纵使内容再优秀，都无法实现更多利润，而网络平台就是渠道商，这两者结合到一起，力量就比原先大得多。

与其说网络电视类似于新浪、搜狐等网站是独立的网络媒体，不如说它们已经形成了一种商业力量，代表着有强劲动力的新生代网络系统。和传统电视业相比，它们有的是活力、魄力和运气，当然，这和智慧、努力是分不开的，而缺少的是沉淀与历史。

传统电视业就不一样了，它们有的就是历史，当从业者能正确看待这些的时候，就能很好地利用自身优势，通过建立网络平台，让积累下来的传统更有活力，这两者要是结合到了一起，威力可就不容小觑了。

前几年，不少业内人士还说要“做渠道”，如何做？传统电视业到底需要什么才能重新振作？渐渐地，人们开始有清醒的认识，渠道不是瞎做的，而是要建立一个系统，让传统电视业有更多与大众接触的机会，所以想到要建立一个完善的平台。

更何况，社会资源是分散的，如果没有一个地方将这些资源整合起来，它们就会被白白浪费。

综上所述，传统电视业想要得到更好发展，必须通过建立完善的综合网络平台，把制作好的内容放上去，再去吸收更多资源，从而令电视台处于良性循环中。

值得一提的是，别忘了加强各个电视台、电台和网络平台之间的合作。

第十五章／电子书大行其道，纸质书退居幕后

——传统出版业该往哪儿走

当一个六寸的Kindle可以容纳近一千本书，当近乎免费的电子书出现在网络上，谁还会跑去书店花大价钱买那些大部头？数字出版时代，无论是读者还是作者，人们的认识都发生了巨大的改变，人们不再惟出版社马首是瞻，那原本作为中介和桥梁的出版业该何去何从？

一 残酷的现实：传统行业折戟沉沙

辨证1：当电子书成为时尚

有了电子书，谁还去书店买书？

中国传统出版业的辉煌年代始于20世纪70年代末到20世纪80年代。《中国新闻周刊》曾经用大幅版面对当时的盛况进行了通篇累牍的报道：“这天，开门前数小时，王府井新华书店门前已人山人海……”进入大事不断的20世纪80年代后，出版业更是进入了行业的春天，甚至可以用“疯癫状态”

形容，宋木文先生所著《感受八十年代出版》中便这样写道：仅 1984 年 12 月至 1985 年 8 月期间这半年多一点时间里，我国各大出版社就出版了新旧武侠小说 164 种、4406 部，而且几乎是部部畅销，供不应求。随着改革开放带来更多思想和书籍解禁，传统出版业可谓是到了黄金时代。以出版社为例，只要印书就可以快速在市场上销售出去，只要销售出去，就能为出版社谋得可观利润。当时有人这样比喻："印书就像是在印钞票。"

这样的美好时光随着 21 世纪的隆隆钟声而逐渐灰飞烟灭，曾经的黄金时代因为传统出版业遭受到来自互联网行业的大肆入侵而戛然而止。越来越多的电子图书代替纸质书籍出现，就连著名的《大英百科全书》也宣布不再出版纸质版；Kindle、iPad 更是大行其道，而在这些现象背后，有一个人们不愿提起但已成既定事实的事，这便是传统出版业整个产业链的破裂危机。

从传统上讲，出版社手上有很大的话语权，在整个产业链条具有主导权和掌控权，处于非常强势的地位，前端掌控作者资源，后端掌控印刷机构、发行渠道、购买者各个重要部分。对于作者而言，出版社是出版发行机构，而且可以说是近乎垄断和唯一的；对于印刷机构和渠道而言，出版社的订单和发行量又是它们的"衣食父母"。一言以蔽之，由于出版社在整个产业链条上处于关键而具有支配性的地位，便使出版社变成了整个产业的核心。

但随着新的互联网技术和一批电信运营商的快速崛起，整个产业格局发生了巨大的变化。首先是网络运营商、电信运营商牵头，和各大互联网企业通力合作，通过各种手段（比如举办网络写作大赛等行为）抢夺作者集团；另一方面，数字出版运营商使用电子书又省去了印刷和发行环节，直接将书籍投送到客户、最终购买者那里，并且互联网企业还会将内容和自己的周边产业结合起来，从而使内容实现最大价值。这样做无疑是在从根本上摧毁整个传统出版业产业链条。而面对互联网企业这一套"组合拳"式的凶猛进攻，传统出版业资本力量薄弱，不仅无力对抗，更是由于技术上的短板，难以守住自己的“一亩三分地”，从而让传统出版业进行产业升级、数字转型成为痴人说梦。

当然，传统出版业的磨难只是刚刚开始，当掌控技术优势的互联网运营商攻势还未偃旗息鼓的时候，另一波新的进攻便像是在传统出版业的伤口上又撒了一大把盐：电商大战。

2013 年 4 月 17 日，当当网宣布“0 元电子书大战”正式开始，除个别电子书之外，绝大多数电子书都可以在该网站免费下载。而作为应战方的京东商城也不甘示弱，宣布立刻将 5 万册书籍上线供读者免费下载。在这次事件中，京东商城和当当网用极小的代价就获得了巨大的品牌宣传，扩大了品牌影响力。而出版商则苦不堪言，被迫卷入这场不属于自己的战争。由于出版商和当当网有合作协议，一旦 0 元售出，出版商则拿不到一分钱，在整个事件中，出版商无疑是遭受了极为巨大的损失。

当然不仅仅是这两家电商，几乎所有的电商都参与到各种各样的图书价格战。有人把这场博弈比作是“日俄战争”，仔细想起来，还真是十分贴切，作战的是各大电商，承受巨大损失的却是传统出版业。“电商大战”使得出版社的生存环境越来越糟糕，以至于不得不大量增加书的品种，并提高书的定价，这种做法无疑是饮鸩止渴。出版商面对生存的压力早已“精疲力竭”，根本拿不出多余的力量去进行技术升级。

“渠道为王”的时代，传统出版业已成昨日黄花，风光不再了。

辨证 2：数字出版圆你作家梦

有了数字出版，人人都可以成为作家。

传统出版业是可以为数字出版业提供优秀、高质量的内容的，或者说传统出版是数字出版业众多内容资源来源中的一种。也就是说，数字出版业可以自己重新收集更多、更好的有用内容资源，创造属于自己的优秀内容资源。以国内著名的起点中文网为例，众所周知，这是一家非常优秀的、国内最大的文学阅读与写作平台和原创文学门户网站。它提供了一个开放自由的写作平台，让有才华的作者充分发挥自己的才能，创造出自己风格的小说，网站从而大量地积累了自己的内容资源。最重要的是，它提供了一个“微支付”模式，让作者能够真正实现线上写作赚钱，从而在最大程度上激发作者的创作激情。正是由于这样，起点中文网上的小说风格、特点迥异于传统小说，更具有想象力，最重要的是，它的篇幅更长，有的作品字数甚至高达几百万字乃至数千万字——如果是个热度很高的连载小说的话。

国内某位数字出版业的老总这样评述传统出版、数字出版、内容三者之间的关系：在数字出版业刚刚起步的时候，传统出版业的确在内容上贡献了部分甚至大部分力量。但随着数字出版业的快速发展，这种作用已经明显变小，绝对不是说是不可取代。而且现在数字出版业自己也可以吸引来很多优秀的内容资源，因为数字出版更能方便、快捷地给作者带来报酬，而且作者对自己的作品有更强的话语权和掌控权，而这些都是传统出版业无法带给作者的。谁吸引了更多有才华的作者，也就意味着谁抢到了更多的内容资源，这无疑是对传统出版业的重重一击。

2011 年 11 月 18 日爆出消息，亚马逊开始和作者直接签约，并且计划向他们公布部分公司后台数据，供他们全程掌控自己的作品情况。这条消息看似不怎么起眼，却是一颗在传统出版业界引起轩然大波的重磅炸弹。

亚马逊是全球最大的互联网线上零售商，创立于 1994 年 7 月，而就是这样一家只有短短 20 年历史的公司，却让诸多具有悠久历史的出版业企业吃尽苦头。他们先是宣布在最开始的一年出版各类书籍 122 本，囊括纸质版和电子版，旨在加速出版项目。而这样无疑是在一步步将传统出版商挤出这个市场，并且有最终将他们取代的趋势。所以这个消息让很多出版商都倒吸一口凉气。

亚马逊直接和作者签约，作品以电子版形式发行，亚马逊和作者们三七分账，省去一大堆中间环节，作者自己掌控一切，获得比以往更多的报酬，这无疑会吸引一大堆新晋作家。而出版社、中间商这些在传统出版产业的重要组成部分，将被彻底踢出这个市场。

不仅如此，亚马逊还给予作者们查看部分后台数据的权限，其中就包括他们的作品在各个地区的实际销售情况，并且积极提供机会和平台，鼓励作者和读者一起交流和互动，不需要借助任何中间评论员，就可以把一本书宣传得非常好。

比起传统出版业，数字出版业给予作者们更自由的空间，让他们可以自由发挥自己的才华；给予他们更高的报酬，省去了一大堆中间商；给予作者更大的帮助，帮助他们更好地与读者进行交流，用数据切实协助作者发展自己的写作事业。

数字出版，让作者更加自由。

辨证 3：Kindle 在手，看书无忧

当亚马逊 Kindle 横空出世，纸质书的时代似乎已经没落到极致。

“书籍是人类进步的阶梯”，伴随着这句名言，人们走进书店，抱走属于他们自己的精神世界里最宝贵的财富，人们永远不灭的对书籍的购买热情和购买欲望，支撑着出版业一天天走向辉煌。但很显然，在这个传统出版业生死存亡的“多事之秋”，作为其代表产品——纸质版书籍，更是首当其冲，遭到了来自科技公司最顽强的阻击。

21 世纪前后，科技公司在多个领域取得多项重大突破，其中就有一项是在电子屏上可以完美呈现墨水效果，自此一项新事物横空出世——电子阅读器。街上、地铁上、茶餐厅里，越来越多的人用上了 iPad、Kindle，越来越多的翻页被手指滑动屏幕所取代……

亚马逊创始人杰夫·贝佐斯如此评点道：“书是模拟技术的最后要塞，电子阅读器是解决之道。”而他和他的亚马逊公司决定用一款惊艳世界的产品来改变这一切，于是 Kindle 来到了我们的世界，在背后支撑 Kindle 的是亚马逊的网络书店，这两者形成了最完美的搭配，它们即将展开对出版业最核心产品——纸质书籍的全面进攻。

2007 年 11 月 19 日，亚马逊宣布正式发售这款跨时代的产品 Kindle，令人瞠目结舌的是，在正式开售仅仅五个半小时之后，第一代有一些问题还具有很大改进空间的 Kindle 就已经被人们疯狂抢购完。第一代产品尽管具有设

计精良、功能强大的特点，但不能否认的是，它仍然具有许多的问题：内存小，仅有 250MB 之多；显示屏小等问题。但就是这个现在看来非常简陋的设备，却给予了传统出版业一个沉重打击，并且也给出版市场带来了新的气息。截止到现在，Kindle 在电子书市场占有率达到 50%以上，居于统治地位，数十万本电子书在过去几年内通过 Kindle 被迅速卖出。数据显示，2012 年起，该网站纸质书和电子书销售下载比是 1:1.14，从 2007 年发售到 2012 年间，Kindle 电子书售出额度已经超过 50 亿美元，这的确是一份令人十分惊讶的答卷。

面对如此咄咄逼人的攻势，所有人都不禁想问：电子阅读器能够在很短时间内就将已经独霸人类精神世界很长时间的书籍打得落花流水的原因是什么？答案可以简单概括为：重视体验，资源丰富。

首先说“用户体验”问题，这是一个现在已经被说烂了的概念，但却鲜有人能够真正做到，而亚马逊公司正是那少数做到的一份子。从设备上来说，亚马逊开发了诸多 Kindle 应用程序供用户使用，在考虑到用户人群多样性的基础上，不仅面向用户人数众多的 Windows 系统，同时也兼容相对小众的 Mac 系统，甚至更为“少数派”的 Linux 系统。而 Kindle 手机应用程序更是囊括了现今市面上出现的各种主流操作系统，不会让用户在使用它的时候有任何为难的时刻，对各种阅读资源可以进行非常方便的无缝传输。

与此同时，亚马逊还努力扩大自己 Kindle 的产品库，以满足众多用户的各种需求。自从发售第一代 Kindle 以来，短短几年时间内，Kindle 家族已经具有相当大的规模：Kindle keyboard 拥有全键盘，方便有输入需求的用户；而 Kindle paperwhite 具有优秀的背光特性，满足存在阅读光线问题的用户；而 Kindle DXG 具有大屏……价格区间从几十美元到数百美元不等，充分满足各个收入阶层的实际需要。

再说说“资源丰富”的问题，亚马逊公司为广大的用户提供了数百万种各式各样、内容精彩的图书，据统计，这个数字已经逼近两百万。据悉，亚马逊公司还积极与更多的读者和出版社签订合约，争取进一步拓展自己书库里书籍内容的深度和广度，无论是阳春白雪，还是下里巴人，无论是普通民众，还是行业精英，都可以在 Kindle 书库里找到自己需要的书籍。然而亚马逊公司并没有止步于书籍领域，他们还不断寻求和来自于报纸杂志领域的合作，迄今为止，Kindle 上共有超过 800 份来自世界各个角落的报纸杂志在线销售，中国用户可以订到我们熟悉的《中国日报》和《上海日报》。

随着时间的推移，不难看出，亚马逊公司用以挑战传统纸质版书籍的致命利器不仅仅是阅读器，还有包含在阅读器背后的周到的用户服务。关注用户体验、提供丰富的资源、满足各式人群的需要，三位一体，这让 Kindle 此类阅读器在原本属于传统出版业的市场上玩得风生水起，所向披靡。

有了 Kindle，谁还捧着厚厚的书去看？

二 沉着应对：魔高一尺，道高一丈

施治之方1：新瓶装旧酒——互联网时代，民营书业也要学会资本运作

加快转型、走资本动作之路，才能重获生机。

如今，大部分阅读者会选择使用电子书，而非纸质书籍，除了教辅书以外，似乎其他类型的书都可以通过互联网看到，既方便又便宜。从2013年的市场调查来看，民营出版集团和书店的大部分收入来自于教辅材料，可见他们的压力之大，想要改变这一现实，就必须革新现有的观念，用资本运作的眼光去看待传统出版业的发展。只有在其中加入新鲜元素，才能有效利用资源，整合它们是为了加快资本运作的进程。

长期依赖教辅图书，会令企业陷入危机中，这暴露了传统书业的很多缺陷：单腿走路、产品结构不合理、无资本运作等；从宏观的角度看，这更像是在“小打小闹”，缺乏做大生意的决心，如果还维持现状，领地将会被互联网企业抢走。

此时，民营书业要多寻求利益点，让它们共同支撑企业的发展，这是加快转型、走资本运作之路的重要过程。

首先要做的是，调整当下的产品结构，不过，在销售渠道尚未完全拓展开的情况下，应当保证教辅图书的地位，不能过早放弃，而是先分出一部分资金用于其他种类图书的开发和销售，不妨从教育类入手，逐渐向学前教育、少儿读物、大学生书籍、社科类书籍靠拢，以缓解“单腿走路”的局面和压力。当企业能推出其他种类书籍的时候，无形中增加了品牌价值，为资本运作提供了可能。

广州某图书发展有限公司原先将大部分资金用于教辅书籍的开发，虽然在这项业务的带动下，企业得到了一定程度的发展，但远没有达到预期，甚至一度出现增长速度下降的情况，这时候，管理层意识到应当转型了。

经过细致的筹划，该企业将目光投向少儿文学图书领域，同时强化了教辅书籍的管理，这两项投入都是非常高的。用它自己的话说，想要稳妥地转型，不咬牙投入是不行的。

教辅图书方面，它要把注意力从“量”转到“质”上面来，不再单一追求数量，反而要对现有的教辅书籍数量进行调整，筛选掉市场反应差的，完善市场反应良好的，并继续开发此方面书籍。

少儿文学图书方面，该企业同样投入了不少资金，由于缺乏经验，所以它将大部分资金用于人才招募和图书开发上。

虽然当下的出版业竞争异常激烈，但该企业凭借转型优势，成功获得另一个利润点。

除了增加盈利范围外，传统出版业还应把身份标签转为“教育内容、服务供应商”，而不是单纯的出版企业。

北京某信息技术有限公司向数字出版领域投入大量资金，先后创建了磨铁中文网、磨铁手机网站等；而天下阅读网则是江苏某出版物发行集团的主要投资对象，并且在该网站顺利进行的同时，它还推出以电子书包为核心的配套产品，市场反响也很不错。

面对互联网的高速发展，传统民营书业想要获得更多利润，必须寻找其他能赚钱的路子，不妨尝试跨行业发展。2012年3月，志鸿教育集团和复星集团联合打造了一个名为“印象齐都文化创意产业园”的项目，耗资21亿元，覆盖了文化产品开发、创意设计、文化体验、数字出版、动漫影像等领域，是一个内容多且强大的综合性文化园。这个项目在建成之时，曾在全国范围内引起巨大反响，经过两年多的经营，该文化园的设施越来越完善。

同一年，世纪金榜也曾有一项大动作：与央视联手，达成开发和生产动画衍生品的协议。在教辅图书领域已经有不小成就的世纪金榜，凭借其敏锐的洞察力和市场判断力，开始寻找新的突破，不光是与央视，世纪金榜近几年发展了不少合作伙伴，以至于产业遍布各方，所带来的收益同样非常可观。

之前，出版行业大部分由国家操作，随着政策的开放，民营资本开始进入该行业，市场结构出现了一定程度的变化。而“电子书”的加入，令原本底子就薄弱的民营书业比之前更加脆弱，这时候，它们开始寻找更多资金，以便更好地进行资本运作。

近几年，当民营书业的管理者为资本运作而奔波的时候，引来不少国际投资机构的关注，这是非常好的机会。想要获得注资，必须让投资者看到希望，这需要传统民营企业认真把握当前市场状况，并做详细而深刻的分析，找到既利于投资者又利于企业的方案，才是当务之急。

此外，还有一个现象值得大家关注：不少民营书业想通过上市的途径融资，这种方法适合规模较大的企业。不过，一旦上市后，企业就会身处更复杂的环境中，所以要时刻做好准备。

传统行业若是不懂得资本运作，将可能永远无法与电子出版抗衡，所以要及时发现利润点，并且借助外力，令本企业更有实力，这是搞好资本运作的前提。

民营书业要想走出困境，先要玩转资本运作。

施治之方 2：创新的时代——经营也要懂得创新

这是一个不创新就会死的时代。

这是一个创新的时代，就连日益盛行的互联网也在不断创新，更不要说传统行业了。你不创新，就只有被逼到墙角的份儿。

这句话说得狠，却有现实道理。当大众可以手捧免费的电子书时，谁还会去书店？此时，“求变”成为实体书店的生存要求，他们需要想一想，除了卖书以外，自己还能做什么。

细心的人发现，互联网总是在说“用户体验”，它几乎将所有行业都向服务型转变，这便是传统书店需要思考的方向，为什么不能让顾客有全新的体验呢？

2666 是一家位于上海某路的沙龙式私人书店，书店采取会员收费制，想要来这里看书的人，必须先办理会员卡。这里所销售的书都是比较难得的签名版，有时也卖一些畅销书，只是价格比前者稍低一些。

除了卖书，2666 还供客人借书，客人可以在店里看书，也可以将书带回去。书店还提供收费的咖啡、饮料、甜点等，令不少追求小资情调的客人流连忘返。在这里，吸引客人的东西很多，装饰、色调、音乐、咖啡、书籍……更值得一提的是，该沙龙还常常放电影、办讲座，请作家、导演、音乐人来交流。为此，书店着实积累了一批粉丝。

如今，许多书店为了增加营业额，改变之前单纯销售书籍的情况，给书店增加了很多额外功能，例如，会所、水吧、咖啡店、文具，等等，甚至有人在书店里卖过衣服、鞋子。面对互联网对实体书店的挤压，若还只销售图书，会令传统业者的生存空间减小，加之近几年房租、水电、人员工资等成本纷纷上升，实体书店的压力就更大了。

有些业主并没有意识到，能够给书店增加附加值的东西并不是“随便”，而是一定要与企业文化有关，并且能体现企业文化的创新，生产销售的东西附加值越高，所能提供的服务越多元化，客人越愿意光顾。

过去，书店老板并没有形成“文化产业”的意识，单一销售图书会令风险增大，同时无法为客人提供优质的体验感。当网络时代到来，实体书店的经营者们才有朦胧的意识：要增加书店的功能，否则无法吸引客人。

但在这个过程中，有些业主的做法是不妥当的：

赵女士经营着一家中型书店，前几年的生意还不错，从 2011 年下半年开始，书店的生意明显少了，加之 2012 年房东涨了房租，更令她觉得捉襟见肘。

和丈夫商量后，赵女士决定兼着销售其他东西，由于对这件事情比较着急，所以也没多想，赵女士直接在批发市场进了一些饰品、鞋帽、衣服等，在店里开辟了一块地方，就这样开始销售了。

结果却出乎赵女士所料，书店的营业收入不仅没增加，反而降低了，“是不是商品的摆放不合理?”她将店里的东西调整了位置，可结果还是一样。

后来，一个朋友告诉她，你的书店多销售的是少儿读物和社科类书籍，很少有时尚类杂志，所以无法吸引很多白领丽人过来，反而让原先想来买书的客人觉得这家店有些“不务正业”。

弄清楚业绩下滑的原因，赵女士及时调整了经营策略，撤销了饰品、鞋帽等柜台，并专门开辟了“文具销售区”，还在旁边摆了几张桌子，供学生看书、写作业。附近有一所小学，有时候家长接孩子来晚了，学生就会来这里写作业，家长也比较放心。渐渐地，赵女士的书店又恢复了活力，不仅增加了人气，利润也提升了不少。

可见，实体书店不能盲目革新，必须先清楚自己的定位，在开展新功能前，要先结合周围的环境进行分析。例如，某书店开在步行街，周围有很多商场，若能在书店里开辟一些有情调的休息区，并销售可口价廉的咖啡、饮料等，会吸引不少客人前来。

除了考虑周围环境，实体书店业者还需对品牌进行定位，不少小型书店表示，自己就是销售图书的，只要销路好的图书，我都卖。不断寻找和拥有多个利润点是好的，但不能盲目进货、销售，必须先了解市场行情，再根据经验，将书店经营调整至适当方向。身处不断变化的市场环境中，只有明确的定位，才能确保书店保持特色。

不论书店的规模如何，经营者都应将其当成“企业”来管理，将提升品牌价值看成最重要的工作。除此之外，还要令书店有文化意义，让客人感受到深刻的内涵，他们才会经常光顾。

不同客人对书籍类型的喜好不同，但喜欢阅读的人对环境的要求通常一样，当书店的装饰、桌椅摆放、配套设置都能给客人安静、惬意、舒适的感觉，他们自然会选择这里。

此外，在实体书店条件允许的情况下，尽可能多开发功能是不错的选择，案例中的 2666 沙龙正是将很多文化元素集中到一起，才令其变得更有意义，让越来越多的客人愿意在这里消费。

在这个靠创新取胜的时代里，实体书店需要不断开发其功能。当下，销售图书并不是传统业主唯一的事情，应当分出一部分资金和精力，去打造令人舒适的书店。

谁能越快向服务型转移，谁就能看到希望。

施治之方3：取人之长——出版传媒集团跨媒体、跨地域发展

互联网可以跨界发展，出版传媒业为什么不可以？

出版传媒集团的发展一直受到大众关注，尤其是在互联网经济到来后，它们将走向何方更成为业内外人士讨论的焦点。它们是否能像互联网那样，通过有效的跨界，将市场中的有效资源全部集中到一起呢？

互联网经济的发展，似乎是一瞬间的事情，却取得了令人惊奇的成绩，因此引来不少人的观察和分析，并得出这样的结论：互联网凭借其快速传输的优势，将平台上的有利要素都占据了，形成强强联合的局面，有利于抢占更多市场。

这便是互联网经济得以高速发展的原因，为什么传统出版业不能借鉴它的长处，通过跨地域、跨媒体方式，将优质资源整合起来呢？

如今，出版传媒集团正走进一个新时代，部分集团已经在外地建立了独资或是控股企业，目的就是为了建立新型出版企业，从而抢占更多市场份额，这些企业不仅占据了有利位置，还拥有融合资源的能力。

出版传媒集团目前要做的，就是积极寻找机会，通过跨地域建立出版公司的方式，形成完善的利润网。这个过程中，不少集团会出现“跟风”的情况，纷纷在某个地域建立出版企业。虽然传统出版业需要转型，但不能盲目建立子公司，必须对该区域非常了解，明确有多少可以利用的资源，预测市场前景如何，缺少了这些步骤，品牌价值就很难得到发挥。除了跨地域成立出版企业，出版传媒集团还可以通过“强强联手”的方式，对现有资源进行整合，以便争夺更多资源。

虽然互联网的兴起令传统出版业遭受“重创”，但其根基还算稳固，这是传统行业振兴的关键。接下来要做的，便是增强出版企业的实力，通过跨地域和跨媒介的做法，形成更有竞争力的团队，充分挖掘市场潜力。

垄断的根基已经被瓦解，只有顺应时代才是根本出路。